企业HR管理和法律实务丛书

企业人力资源管理全程实务操作

增订四版

HR管理者高效工作指南

贺清君　崔巍　著

中国法制出版社
CHINA LEGAL PUBLISHING HOUSE

[再版序]

欣闻贺老师经典著作《企业人力资源管理全程实务操作（增订四版）》即将闪亮登场，本人在羡慕嫉妒恨的同时，作为多年的好友由衷为这本书的热销感到高兴！

本书非常受广大HR读者欢迎的关键在于内容通俗易懂，没有特别深奥的理论，更没有故作玄虚的高深，所有管理实践与企业管理零距离。把人力资源管理复杂问题简单化是贺老师的职业特长，更是一个人力资源管理高手的典型特点，本书涵盖了人力资源的多个模块，让我们对人力资源管理有非常全面的理解。特别让人欣喜的是本书被很多企业批量购买，作为各级经理日常人力资源管理的指导书或者纳入企业人力资源管理必备图书，这些良好的市场反应已然超过作者的预期。

总结起来，本书主要有以下典型特点：

（1）管理视野开阔：本书阐述了人力资源管理的定位、人力资源管理者的核心价值以及管理使命，这些新颖的内容让广大HR读者站在更高的角度审视自己的职业，认真反思如何在企业中发挥更大的价值。

（2）内容实战新颖：关于每个管理模块，不仅有管理目标、管理流程，还有丰富的表单作为管理落地的支撑工具。此外，本书丰富的管理案例分享让广大读者更能切身感受到这些管理案例就在身边。

（3）实践针对性强：本书所覆盖的都是人力资源管理的经典模块，这些工作是HR从业人员必须认真研究的，也最能体现HR从业人员的价值所在，这些丰富的实践必将为广大HR管理者以及企业管理者提供有意义的参考。

（4）内容超级实用：任何企业管理都是"真枪实弹"的，如果企业管理玩虚的，企业浪费的绝不仅仅是人力、物力和财力，无效的管理势必会给企业带来很多负面的影响，HR和企业各级管理者的价值更是无从谈起。

（5）管理理念与时俱进：书中提出的管理理念均来自企业实践成果，解决问题的方法具有科学性和系统性，帮助广大读者深刻领会HR管理的目标和实施方法论。

本书管理视野广阔、内容实战精练、案例分析来自企业实战，这些亮点让本书内容超级实用，对于企业高管、业务部门经理以及人力资源管理等部门都有极大的参考价值，本书为广大读者分享的管理目标、管理流程、问题分析和解决方法，特别是管理表单等工具拿来即可研究、参考和使用。

笔者坚信"实践出真知，能为企业解决问题的书就是好书"。本书为HR管理者提供了解决实际问题的一把金钥匙，相信读者全面系统学习后必将快速提升实战能力，同时拓宽各级管理者的管理视野和管理思路。

贺老师在多年人力资源管理实践中提炼了很多人力资源管理方法，多年来笔耕不辍，如这些年出版的人力资源畅销书《绩效考核与薪酬激励整体解决方案》（畅销四版）、《老HRD手把手教你做薪酬》（实操版）、《老HRD手把手教你做薪酬》（精进版）、《HR不懂〈劳动合同法〉就是坑公司》（第三版）等，帮助HR实现未来职业的快速发展！

是为序。

北汽福田副总裁 潘平

2023年8月于北京

目录

第一章　人力资源管理的价值和使命 ……………………… 001
　　一、人力资源管理的定位 /002

　　二、人力资源管理的核心价值 /004

　　三、人力资源管理的使命 /008

第二章　人力资源规划 ………………………………………… 011
　　一、管理目标 /012

　　二、人力资源战略 /012

　　三、人力资源规划 /014

　　四、实施和调整 /019

　　五、管理风险 /020

第三章　招聘管理 ……………………………………………… 021
　　一、管理目标 /022

　　二、招聘渠道 /022

　　三、招聘流程 /023

　　四、招聘录用 /029

　　五、经典案例 /032

　　六、管理风险 /034

第四章 入职管理 ... 037

一、管理目标 /038

二、入职流程 /038

三、劳动合同 /042

四、经典案例 /042

五、管理风险 /044

第五章 试用期和转正管理 ... 047

一、管理目标 /048

二、试用期规定 /048

三、试用期考核 /049

四、转正流程 /050

五、经典案例 /051

六、管理风险 /054

第六章 绩效管理 ... 055

一、管理目标 /056

二、绩效管理重要性 /057

三、绩效考核类别 /058

四、绩效考核原则 /059

五、考核模式 /060

六、考核流程 /074

七、专项考核 /082

八、经典案例 /084

九、常见问题与对策 /086

十、管理风险 /087

第七章 薪酬管理 ... 089

一、管理目标 /090

二、薪酬概念 /090

三、薪酬体系设计 /091

　　四、薪酬管理流程 /092

　　五、薪酬影响要素 /105

　　六、薪酬管理 /107

　　七、经典案例 /108

　　八、管理风险 /110

第八章　社会保险与福利管理 113

　　一、管理目标 /114

　　二、福利概念 /114

　　三、五险一金 /115

　　四、企业特色福利 /121

　　五、管理风险 /122

第九章　培训管理 123

　　一、管理目标 /124

　　二、培训模式 /124

　　三、培训流程 /125

　　四、培训协议 /131

　　五、管理风险 /132

第十章　考勤与休假管理 133

　　一、管理目标 /134

　　二、考勤方式选择 /134

　　三、休假制度 /135

　　四、经典案例 /138

　　五、管理风险 /140

第十一章　劳动纪律管理 141

　　一、管理目标 /142

　　二、制度建设 /142

三、制度公示 /143

四、制度执行 /144

五、经典案例 /145

六、管理风险 /146

第十二章　实习生管理 147

一、管理目标 /148

二、管理流程 /148

三、经典案例 /153

四、管理风险 /154

第十三章　档案管理 155

一、管理目标 /156

二、内部档案 /156

三、外部档案 /157

四、相关法律 /162

五、经典案例 /162

六、管理风险 /163

第十四章　离职管理 165

一、管理目标 /166

二、离职流程 /166

三、离职经济补偿 /171

四、离职竞业限制 /175

五、经典案例 /176

六、管理风险 /179

第十五章　人才盘点 181

一、管理目标 /182

二、人才盘点流程 /182

三、人才盘点应用 /184

四、人才盘点案例 /186

　　五、管理风险 /188

第十六章　劳动争议管理 189

　　一、管理目标 /190

　　二、解决模式 /190

　　三、举证责任 /192

　　四、证据 /192

　　五、举证技巧 /193

　　六、经典案例 /194

　　七、管理风险 /205

第十七章　企业组织建设 207

　　一、管理目标 /208

　　二、组织架构分析与设计 /208

　　三、组织建设说明书 /213

　　四、组织管理诊断 /214

第十八章　人才培养与发展 217

　　一、管理目标 /218

　　二、制定人才发展规划 /218

　　三、构建人才标准 /220

　　四、核心人才培养 /227

　　五、管理风险 /229

第十九章　企业文化管理 231

　　一、管理目标 /232

　　二、企业文化层次 /233

　　三、企业文化价值 /235

　　四、企业文化功能 /236

　　五、企业文化建设流程 /237

六、经典案例 /242

　　七、企业文化建设误区 /243

　　八、管理风险 /244

第二十章　员工激励 247

　　一、管理目标 /248

　　二、物质激励 /249

　　三、非物质激励的管理艺术 /250

　　四、激励模式组合 /256

　　五、激励的原则 /257

　　六、管理风险 /260

第二十一章　人力资源管理风险防范 263

　　一、管理目标 /264

　　二、风险根源分析 /264

　　三、管理风险梳理 /266

　　四、风险防范层次 /272

　　五、管理风险 /273

第一章
人力资源管理的价值和使命

本章导读

- 人力资源管理在企业中如何定位?
- 战略合作伙伴的角度如何定位?
- 变革推动者的角度如何定位?
- 卓越绩效推动者的角度如何定位?
- 人事管理的角度如何定位?
- 不同模块如何发挥核心价值?
- 如何体现人力专业管理价值?
- 人力资源管理的使命是什么?
- 如何从传统人事向 HR 转变?

"人力资源"一词最早是由战略管理大师彼得·德鲁克（Peter F.Drucker）于1954年在《管理的实践》一书中提出来的，他认为人力资源拥有当前其他资源所没有的素质，即协调能力、融合能力、判断能力和想象能力。这是人力资源区别于其他社会资源的最有价值的特征，也是企业财富增加的贡献者。

从企业经营角度来看，企业一是经营客户（为客户创造价值）；二是经营人才。企业的经营活动和核心竞争力都离不开企业人力资源，企业核心竞争力和竞争优势的根基在于企业人力资源管理。离开了企业人力资源开发管理，企业核心竞争力就会成为无本之木、无源之水。很多企业领导都喊人力资源重要，也都想多关心人力资源，但是面对企业生存和发展的压力，却不得不全身心投入影响企业发展命脉的市场销售等更加重要的事务中，最终导致人力资源"说起来重要，忙起来就次要"的局面。

人力资源管理如何定位？人力资源管理的核心价值和管理使命到底在哪里？究竟是人力资源从业者自身的素质决定了人力资源管理在企业中的地位，还是企业的发展阶段和管理需求决定了人力资源管理在企业中的重要性？对于这些问题，人力资源管理者必须深刻反思和把握，否则人力管理工作就会迷失方向。

一、人力资源管理的定位

从人力资源管理战略角度讲，人力资源战略是企业发展战略的支撑战略，或者说是为企业战略目标的顺利实现提供支撑而形成的一种引进、培养、激励、留住人才的支持性策略。

人力资源管理是为企业的战略目标和经营目标所服务的。所以，人力资源管理者不能仅从本专业的角度来看待工作，不能为管理而管理，必须站在企业全局的高度来审视自己的工作，人力资源管理工作才能够真正做到为企业的经营绩效服务，才能与企业最为关注的盈利和可持续发展战略保持一致。

人力资源管理者站在不同的高度审视自己的角色定位，会有不同的职能管理视角，最终会对企业获取竞争优势产生不同的影响，见表1–1。

表1–1　人力资源管理者的角色定位及对应职能

角　色	角色定位及对应职能
战略伙伴	提供基于战略的人力资源规划及系统解决方案，最终目标是将人力资源纳入企业的战略与经营管理活动当中，使人力资源与企业战略相结合，为企业实现经营战略提供有力的支撑
变革推动者	深入参与组织变革、改革和创新过程中的人力资源管理实践，提高员工对组织变革的快速适应能力，妥善处理组织变革过程中各种相关的人力资源问题，推动组织向着更好的方向发展
卓越绩效推动者	通过员工招聘与上岗培训、人才选拔和培养、薪酬体系建设、绩效与激励体系建设，成为公司卓越绩效推进者
人力顾问	运用专业知识和技能研究开发企业人力资源产品与服务，为企业人力资源问题的解决提供咨询，可提高组织人力资源开发与管理的有效性
人事管理者	完成六大模块，通过与员工沟通及时了解员工的需求，为员工及时提供支持，不断提高员工满意度

作为企业管理的战略伙伴，人力资源管理者不仅要了解企业的经营战略、了解业务部门对人才的真正要求、了解员工的实际要求，还需要了解外部客户的需求。将人力资源策略与企业的经营策略结合起来支持企业实现经营目标，从而为企业实现价值奠定基础。

根据调查，很多企业的实际情况是：人力资源管理者仍处于日常人力资源工作的表象层面，人力资源管理工作者在传统的人事管理工作上投入大量精力，远远没有深入企业经营战略、没有深入研究企业业务实际需要、没有深入研究企业最有效的激励与绩效管理、没有深入研究人才培养机制和优化机制……

人力资源管理的工作只有有效定位，才能彰显出其应有的价值；只有成为人力资源管理的行家里手，为企业发展切实解决人力发展实际问题，帮助企业各级经理解决他们最关心的管理难题，才能真正发挥人力资源管理的核心价值。

二、人力资源管理的核心价值

在传统的人事管理制度下，员工通常没有将潜力完全发挥出来，导致人力资源没有被充分地利用，人力资源管理者实现自身价值的有效方法就是降低公司的人力成本，但这种成本的降低往往是以员工工作积极性和工作绩效的降低为代价，严重者会导致企业经营管理出现恶性循环。

现代人力资源管理，可以通过团队激励等形式鼓励员工改善工作绩效，充分发挥员工的价值和潜能，员工满意度的提升、生产效率的提高、流动率的降低可以有效提高产品和服务的质量及客户的满意度，最终会不断提高公司经济效益。

根据企业核心竞争能力的观点，技术、资本和产品等虽然也能为企业创造价值，但这种竞争优势很容易被竞争对手模仿和超越，而人力资源作为企业竞争优势中一种难以模仿的特定资源和能力，则是保持企业核心竞争优势的源泉。

人力资源管理可以用一个公式来定义：

人力资源管理 = 人事管理 + 资源管理

- 人事管理：属于职能角色，主要负责企业的人力资源基础管理工作，如人力资源战略规划、招聘与配置、培训、薪酬绩效、员工关系管理。人事管理的目标是推动人力资源规范化管理，确保企业发展得到有效的管理支持。
- 资源管理：需要站在企业人力资源管理战略高度来考虑，如何做好人力资源整体规划来保证企业战略发展对人力资源的需求得到最大限度的满足；如何最大限度地开发与管理企业内外的人力资源；如何激励和考核人力资源使其潜能得到最大限度的发挥；如何培养人才使得人力资源的价值最大限度地得到挖掘；如何有效控制人力成本等。

人力资源管理的价值无处不在，具体见表1-2。

表1-2 人力资源管理的价值

职　责	人力资源管理发挥的核心价值
人力资源战略规划	人力资源战略规划是人力资源工作的起点，是人事行动指南和工作纲领。科学有效的人力战略和规划可形成清晰的人力资源管理策略，包括招聘策略、培训策略、薪酬策略和绩效管理策略等，可为公司前瞻性地规划人才需求和供给，为公司提供充足的人力资源保障；反之，企业人力发展出现断档和空缺，势必会严重影响企业的发展
制度建设	俗话说"无规矩不成方圆"，人力资源通过建立符合《中华人民共和国劳动合同法》（以下简称《劳动合同法》）的管理制度，确保公司人力资源管理不存在管理风险和隐患。建立和持续优化管理流程，势必能为企业健康发展提供有力的管理支持
招聘与配置	规范的招聘流程管控，从招聘需求入手，面试组织、录用审批一直到发 offer。良好的招聘体系可以给公司提供最适合的人选，完成公司的计划经营目标；进行足够的人才储备，为公司的发展提供后劲；规范的招聘管理不仅可以控制人力成本，还可以保证录用人员的质量
绩效与激励	绩效管理是人力资源管理的生命线，要为公司创造价值，为公司带来绩效，员工必须成为资源、资本或者财富，否则就是成本或者是浪费；通过建立一套适应高科技企业发展的价值评价体系，可以对员工的价值创造过程和价值创造结果进行评价，为价值分配提供客观公正的依据。激励机制是"人力资源管理的加油站"，企业必须通过卓有成效的绩效管理做到"能者上、庸者让、无能者下"。在绩效与激励方面，人力资源具有不可替代的专业管理价值
薪酬管理	薪酬是留住人的"金手铐"，薪酬福利必须坚持"对外具有竞争性、对内具有公平性"的原则，才能充分发挥其保障性、竞争性和激励性的作用。人力资源部通过科学的薪酬调查，制定科学有效的薪酬体系是企业正常运营的基础，薪酬管理混乱势必影响员工稳定性和人才价值的发挥
福利管理	建立公司可承受的福利管理体系，对于人才吸引和保留至关重要；反之，员工缺乏职业安全感和归属感，势必影响人才的稳定度和忠诚度
人力资源开发	培训工作是企业基业长青的动力源，是员工成长的充电器。人才选拔和培养是人力资源开发的核心。如果企业没有建立科学的人力资源开发、培训和培养机制，员工就无法实现自身增值，企业发展也会受到员工素质和能力的约束，进而失去动力

续表

职　责	人力资源管理发挥的核心价值
入职管理	为员工提供规范的入职服务，让员工享受规范的入职流程，对于新员工快速融入新的组织、降低团队适应成本至关重要
试用期和转正管理	规范有序的试用期考核对于新员工管理至关重要，不同的员工根据其表现结果有不同的转正流程，这对于提升转正效率至关重要
员工关系	规范有序的劳动合同管理对于减少劳动纠纷、提高员工满意度非常重要。如果没有规范的员工劳动关系管理，势必引起很多纠纷，企业正常运营环境无法得到有效保障
人才引进	根据国家人才引进政策，规范高效的人才引进管理，对于公司吸引优秀人才非常重要
考勤和休假管理	规范有序的考勤和休假管理可保障企业正常经营和管理秩序，否则员工应有的假期福利将无法得到有效保障
档案管理	无论是规范的内部档案还是企业外部存档的管理，对于规范员工的基础信息管理都非常重要
离职管理	规范有序的离职管理，会降低离职员工对公司业务的冲击，还会减少员工离职给公司造成的各种经济损失
劳动纪律管理	为企业经营提供良好的管理秩序
劳动争议管理	推动建立和谐的劳动关系，减少劳动纠纷，对于维护企业形象、提高企业知名度和美誉度非常重要。如果企业纠纷不断，势必会影响正常经营
人员优化	逐步淘汰表现较差的员工，可不断提升企业员工的综合素质，降低企业运营成本
人才梯队	为企业储备人才，保障企业人才不断档
企业文化建设	建立共同的价值观和经营理念，为企业发展提供凝聚力和战斗力
人力成本控制	与人力资源管理有关的成本涉及企业的招聘、遴选、培训和报酬等多方面的费用，这些费用共同组成企业的人工成本。人工成本是企业总体成本中的重要组成部分，有效的人力资源管理可以降低企业人力成本，间接提高企业的利润

人力资源管理的核心价值在于，紧密地围绕企业的经营管理展开人力资

源管理的核心工作，通过提升员工价值促进和保证企业经营目标的实现，让公司发展战略逐步推进与实现，帮助企业获得成功，从而展示人力资源工作的专业性和对企业的贡献。

> **小贴士**
>
> 人力资源管理是企业竞争优势的源泉，人力资源管理价值不能仅靠领导的重视。作为职场人力资源管理的专业人士，要想提高人力资源部门在公司的地位、提高人力资源管理对于企业管理的重要性，除了做到人力资源管理规范化和可量化，还必须提高人力资源为企业解决管理问题的权威性，让高层领导和各级经理切身感受到人力资源管理的真正价值。

如何体现人力资源专业管理价值，必须以"一个核心思想、两个管理意识、三个关注层面"为基点进行分析：

1. 一个核心思想：人力资源要成为企业发展战略的推动者，所有工作必须紧密地围绕企业的经营管理展开。

2. 两个管理意识：客户意识和服务意识。

- 客户意识：人力资源部门要真正将业务部门当成自己的客户，要了解业务部门的需求。只有有了这种客户意识，满足了业务部门的需求，才能真正体现人力资源管理工作的价值。

- 服务意识：人力资源管理工作的价值是通过业务部门来实现的，要切实满足业务部门对HR工作的需求，不断提高实际工作水平。人力资源管理工作中，事务性的工作占据了大量的时间和精力，因此很容易陷入过程而忽视结果。所以在工作中，一定要时刻关注结果，看看每项工作的结果是否满足业务部门的需求。只有有了明确的结果导向，才能时刻关注人力资源管理工作的价值。

3. 三个关注层面：管理层、中层经理和员工。他们代表了三个不同的群体，其需求及关注的结果是不同的。

- 管理层关注公司最终的业绩：如果公司的业绩不好，其他什么都谈不上。因此，人力资源部门的负责人要关注公司的老板在想什么、从哪些方面能够帮助公司完成业绩。当然，老板也会关注企业的战略发展方向问题。
- 中层经理关注的是本部门的业绩指标是否能完成。因此，人力资源部门就需要考虑从哪些方面能够帮助中层经理完成他们的业绩，也许是招聘，也许是培训，也许是绩效管理。不同的业务部门可能需求不同，不同阶段也可能需求不同。这就需要人力资源部门时刻关注业务、了解业务，了解业务部门正在做什么、遇到什么困难、需要什么帮助。
- 员工主要关注的是个人业绩指标及职业发展等。因此，人力资源部门要考虑从哪些方面能够帮助员工完成业绩，帮助员工成长。

只有真正帮助业务部门实现了他们的价值，人力资源部门的价值才能得到体现，也才能将所谓的战略人力资源管理落实。

三、人力资源管理的使命

在企业的未来发展定位中，人力资源部门一定要是懂业务、懂经营并会控制成本的部门，主要承担的使命和扮演的角色如下：

1. 始终保持人力资源管理的专业化精神：社会发展环境变化很快，企业发展始终要和内外环境动态适应。作为人力资源管理者，必须始终关注内外环境的变化，学习和掌握前沿管理理论和专业知识，保持对人力资源管理的敏锐嗅觉和深刻的洞察力，时刻准备为企业人力资源管理提供先进的管理理念支持，坚持做好企业领导和各部门的合作伙伴。

2. 企业管理问题的发现者和解决问题的推动者：任何企业在实际的运营过程中肯定会发生各种各样的问题，人力资源部门在实际工作过程中要担当问题发现者的角色，特别是在人力管理制度流程、企业运营管理和流程管理方面，要充分运用自身的专业知识、职业敏感和部门职能的特殊性，及时发现现存及潜在的问题和风险，积极组织并推动各方力量共同寻求解决问题的办法，推动公司向着更加规范的方向发展。

3. 企业各项改革的推动者：企业要想持续地保持核心竞争力，变革是必须的，但是组织变革和创新需要一个环境，变革往往会受到多方的阻力和压力，使得企业变革举步维艰。作为专业的管理部门，人力资源部门应勇敢承担起这个责任，利用自己的专业知识积极、合理、有计划、有步骤地推动组织进行持续变革，以应对不断变化的市场环境和竞争环境，让企业永远立于不败之地。

4. 企业的沟通平台：俗话说，"有人的地方就有江湖，有江湖的地方就有恩怨"。人力资源部门应当在人力资源管理方面搭建沟通平台，避免管理内耗，协调各方力量共同致力于提高组织绩效，为企业发展营造和谐的组织氛围与融洽的劳动关系。

5. 推动企业内部管理服务意识的楷模：人力资源不仅仅有管理，更有服务，在管理中认真倾听各个部门的实际需求，为他们出谋划策；积极聆听员工的意见和呼声，利用人力专业知识和技能为他们排忧解难，让员工与企业共同成长。

6. 企业学习型组织的构建者：价值创新的土壤来自源源不断的学习。要实现企业的价值创新，如何将企业构建成为一个学习型组织就成了人力资源管理者的首要任务。创建学习型组织的目的是使企业全员获得不断学习、系统思考的能力，进而转化为持续不断的价值创新力，为企业的未来发展注入价值创新的原动力。

为了实现人力资源管理的使命，必须实现从传统人事管理向现代人力资源管理的理念转变，见表1-3。

表1-3 从传统人事管理向现代人力资源管理的理念转变

转变关键点	人事管理	人力资源管理
管理导向	只注重成果	更加关注过程控制
管理视角	以人力为成本	以人力为资源
职能范围	基础事务	参与战略和决策
服务意识	被动反应	积极主动

续表

转变关键点	人事管理	人力资源管理
管理焦点	以结果为导向	强调绩效过程管理和控制，引导员工提高绩效
管理深度	管好现有人员	更注重开发员工潜能
管理规范	例行的、规范的	变化的、挑战的
劳资关系	对立的劳动关系	平等和谐的劳动关系

综上所述，人力资源管理的使命就是：坚持以"以人为本"的核心价值观为导向，以雇主品牌吸引人，以创造良好机会培养人，以良好激励机制用好人，以事业舞台发展留住人。坚持员工与企业共同成长，逐步提高员工的满意度，打造最佳雇主品牌，把人力资源建设成企业的核心竞争能力，保障企业健康发展。

第二章
人力资源规划

本章导读

- 人力资源战略的制定有哪些种类？
- 人力资源战略制定考虑哪些因素？
- 如何依据战略制定人力资源规划？
- 人力资源管理的关键策略有哪些？
- 常见的人力资源规划有哪些类别？
- 如何制定人力资源规划分析表？
- 人力资源规划调整应考虑哪些因素？
- 人力资源规划有哪些常见成果？

"凡事预则立，不预则废"，人力资源管理必须和公司的发展战略相呼应，在由此形成清晰的人力资源管理策略基础上，制定清晰的人力资源规划，这样会使人力资源工作有章可循、井然有序。

一、管理目标

目标1　根据企业发展战略确定人力资源发展的中长期发展战略

目标2　根据企业发展战略形成清晰的人力资源管理策略和其他相应策略

目标3　根据人力资源战略制定清晰的人力资源规划并付诸实施

图 2-1　人力资源规划的三大目标

二、人力资源战略

1. 进行公司人力资源 SWOT（优势、劣势、机会和威胁）分析

表 2-1　人力资源 SWOT 分析

分析类别	分析要点
优势（S）	与竞争对手公司人力资源竞争优势如何
劣势（W）	与竞争对手公司人力资源竞争主要弱势和不足
机会（O）	人力资源市场机会，如哪些人才供大于求
威胁（T）	人力资源市场威胁，如哪些人才短缺可能会导致招聘高成本

2. 确定公司人力资源战略的总体指导思想和思路

总体指导思想就是公司短期、中期和长期的人才发展战略。

【参考范例】适应公司未来五年的快速扩张战略，以骨干研发项目管理人才的培养为核心，以关键技术人才队伍的壮大为基础，适度超前地储备公司人才，以满足公司在发展过程中的核心人才派驻需要。同时，建立统一规范的绩效考核体系、薪酬激励体系，并在两年内建立标准化的培训体系。

3. 人力资源战略目标，阐述人力资源中长期应达到的目标

表2-2　人力资源战略目标

目标类别	目标要点
人员数量	公司业绩目标对应的人员数量要求
人才质量	人才素质基本要求，如本科以上学历者所占的百分比
人才渠道来源	重点通过何种模式招聘人员，各个渠道所占百分比
重点人才布局	哪些核心人才需要重点培养和挖掘
人才梯队目标	哪些技能人才需要建立合理的人才梯队
……	……

4. 确定公司的人力资源策略

表2-3　人力资源策略

类　别	目标要点	战略实现贡献级
薪酬策略	是领先型、跟随型还是差异型的薪酬策略	高
福利策略	公司可以实施哪些具有自身特色的福利	中
绩效管理	不同人员采用何种绩效管理模式	高
招聘策略	不同人才采用何种招聘策略	高
晋升发展	如何规范公司员工职业发展和晋升通道	中
培训策略	对于不同人才采用何种不同的培养策略	高
……	……	……

上述策略共同构成一个有机的整体，确立时必须系统考虑，以确保实现公司的战略目标。

三、人力资源规划

人力资源规划的目的是结合企业发展战略，通过对企业资源状况以及人力资源管理现状的分析，找到未来人力资源工作的重点和方向，并制订具体的工作方案和计划，以保证企业战略目标的顺利实现。

1. 人力资源规划的价值

人力资源规划是人力资源工作的导航仪，有效的人力资源规划有利于组织制定战略目标和发展规划，确保组织生存发展过程中对人力资源的需求，有利于人力资源管理活动的有序化。此外，有效的人力资源规划更有利于控制人力资源成本。

人力资源规划是企业人力资源管理的基础，它由总体规划和各种业务计划构成，为管理活动（如确定人员的需求量、供给量、调整职务和培训等）提供可靠的信息和依据，进而保证各项管理活动的有序化。

2. 人力资源规划的分类

- 人力资源规划从狭义角度指的是企业从战略规划和发展目标出发，根据其内外部环境的变化，预测企业未来发展对人力资源的需求，以及为满足这种需要而提供人力资源管理活动过程；广义角度上则是企业所有各类人力资源规划的总称。
- 人力资源规划按期限分为长期（5年以上）、短期（1年及以内）以及介于两者的中期计划。
- 人力资源规划按内容分为战略发展规划、组织规划、制度建设规划、员工培养规划、员工内部晋升和发展规划等。

3. 人力资源规划的实施

人力资源规划是以企业发展战略为指南，以全面核查现有人力资源、分析企业内外部条件为基础，以预测组织对人员的未来供需为切入点，内容包括晋升规划、补充规划、培训开发规划、人员调配规划、工资规划等，基本涵盖了人力资源的各项管理工作。

人力资源规划是将企业经营战略和目标换算成人力需求，从企业整体超前和量化的角度分析和制定人力资源管理的一些具体目标。

在制定清晰的人力发展战略和实施策略的基础上，制定公司短期、中期和长期人力资源规划。制定人力资源规划必须分析的内容主要包括以下几项，见表2-4。

表2-4　人力资源规划分析表

分析类别	分析要点	分析结论和行动方案
环境分析	1. 外部环境：行业现状及其对人力资源的影响分析、地域环境及其对人力资源的影响分析； 2. 内部环境：公司发展战略、策略目标、各业务现状及发展规划、组织结构与管控模式、影响战略成功的关键内部因素等	
人力资源现状分析	1. 人力资源数量和结构分析：员工数量分析、结构分析（研发、职能和销售人员比例、管理幅度、年龄结构、性别结构、学历结构等）； 2. 各类员工能力素质分析； 3. 员工流动性分析； 4. 人力资源成本分析； 5. 人力资源投资回报率分析	
组织结构和职位分析	对公司组织结构、管控模式是否适应公司发展战略、职位布局是否合理进行分析	
人员配置分析	总收入与员工数量的关系、利润与员工数量的关系、成本与员工数量的关系、产量/销售量与员工数量的关系，并最终分析公司业务目标和人力数量合理比例	

续表

分析类别	分析要点	分析结论和行动方案
人员需求预测	包括员工总量需求预测、员工结构的需求预测、各部门各层级员工数量净需求的预测、各层级员工能力素质的要求预测等	
供给预测	包括相关特殊人员招聘难度预测，以最终确定招聘渠道的总体规划，确保人员得到有效供给	
人力资源管理分析	包括招聘、培训、绩效、薪酬、职业发展、员工关系、人力成本等相关分析，通过数据、管理证据为人力资源决策提供客观分析的结果	

4. 人力资源规划成果

在依据《人力资源规划分析表》进行科学分析的基础上最终确定具体的规划方案：

- **人力战略规划**：根据企业总体发展的战略目标，对企业人力资源开发和利用的方针、政策和策略所作的规定，是人力资源各项计划的纲领性文件。
- **组织建设规划**：组织建设规划是对企业整体框架的设计，主要包括组织存在问题的诊断和评价、管控模式调整、组织结构图的设计与调整等。
- **制度建设规划**：制度规划是人力资源总规划目标实现的重要保证，包括人力资源管理制度体系建设的程序、制度管理内容的调整和优化。
- **人员数量规划**：人员规划是对企业人员总量、人员构成进行优化的整体规划，包括人力资源现状分析、定岗定员、人员需求和供给预测及人员供需平衡等。人力资源经过汇总分析、调查和反馈，并结合公司整体预算情况、公司发展规划及项目预测，对部门提交的人力资源规划做出调整。
- **人力成本控制规划**：费用规划是对企业人工成本、人力资源管理费用的整体规划，包括人力资源费用的预算、核算以及人力资源费用倾斜政策和总体费用控制。

在上述战略计划以及人员总体计划基础上，还要完成具体战术计划。战术计划是根据公司未来面临的外部人力资源供求的预测以及公司的发展对人力资源的需求量的预测所制订的具体方案，包括招聘、辞退、晋升、培训、工资福利政策等。

- **员工招聘计划**：针对公司所需要增加的人才制订出该项人才的招聘计划，一般一个年度为一个段落，其内容包括：计算本年度所需人才，并计划考核出可由内部晋升调配的人才；确定各年度必须向外招聘的人才数量，确定招聘方式，寻找招聘来源；对所聘人才如何安排工作职位及如何防止核心骨干人才流失。

- **人员培训计划**：人员培训计划是人力资源计划的重要内容，人员培养计划应按照公司的业务需要和战略目标以及培训能力，分别确定各部门培训计划、一般人员培训计划、选送进修计划等。

- **绩效考核计划**：将员工对于公司的贡献作为考核的依据，这就是绩效考核的指导方法。绩效考核计划要从员工工作成绩的数量和质量两个方面，对员工在工作中的优缺点进行评定。例如，科研人员和公司财务人员的考核体系就不一样，因此应该根据工作性质的不同制订相应的人力资源绩效考核计划。

- **核心骨干员工发展计划**：结合公司发展目标，设计核心骨干员工职业生涯规划和职业发展通道，包括职位任免的管理等。

> **小贴士**
>
> "磨刀不误砍柴工"，人力资源管理规划内容中有很多细节需要周密考虑和策划。对于中小企业，所有计划在制订过程中必须全面考虑，但是最终的人力资源规划内容可以精简和合并，以提高管理的效率。

合并后人力资源规划参考如表 2-5 所示。

表 2-5 （年度）人力资源规划

规划类别	□短期规划（＿＿年度） □长期规划 中期规划				
人力发展战略					
组织建设规划	组织结构调整： 管控模式调整：				
制度建设规划	制度建设现状： 存在主要问题： 计划解决措施：				
人员数量规划	部门	现有人数	增加人数	优化（调整）	备注
人力成本控制	控制目标				
	控制重点				
具体战术计划					
规划类别	工作目标				具体实施计划
招聘计划					
培训计划					
绩效考核					
……					
核心骨干发展					

5. 注意制定规划的原则

制定人力资源计划要注意以下几个原则：

（1）实事求是：没有人力规划作为指导，人力各项工作计划也就成了无规则的管理。人力资源规划不是"画大饼"，也不是为了取悦公司领导，而是站在公司发展全局的角度对人力资源管理高瞻远瞩，做好管理布局，确保企业战略目标实现得到有效保证。

（2）客观分析：制定规划过程中必须深入研究并充分考虑内部与外部环境的变化和风险。前面《人力资源规划分析表》中涉及内、外部环境的变化，为了更好地适应这些变化，在人力资源计划中应该对可能出现的情况和风险变化做出预测，最好能有风险应对策略。

（3）双赢原则：规划要考虑企业和员工的价值双赢，没有满意的员工就没有满意的客户，没有满意的客户企业的发展也就无从谈起。如果人力规划只考虑企业的发展需要而忽视了员工的发展，则会有损企业战略发展目标的实现。

> **小贴士**
>
> 只有战略规划，没有详细的配套战术计划，那么规划就失去可操作性。必须基于战略深入研究具体战术计划，并形成人力资源年度具体工作计划。

四、实施和调整

人力资源规划实施中，涉及及时有效的评估和完善反馈的问题。

1. 人力资源规划实施

人力资源规划的实施是人力资源规划的实际操作过程，必须有专人负责既定计划的实施，计划的执行必须有力，并能得到有效的资源保障。

2. 人力资源规划评估

在具体计划的实施过程中，要建立定期报告的管理机制。在实施人力资源规划的同时，要进行定期与不定期的评估，包括规划具体执行结果、规划合理性等。

3. 人力资源规划反馈和调整

对人力资源规划实施后的反馈、调整与修正是人力资源规划过程中不可或缺的步骤。人力规划定期评估后，应进行及时的反馈和修正，使其更加符合管理实际，更好地促进公司战略管理目标的实现。

五、管理风险

表 2-6　人力资源规划中的风险防范

风险描述	发生概率	主要防范措施
公司战略不清晰	大	公司战略和业务发展不清晰，会造成人力资源发展战略和规划出现偏差，严重者会造成人员动荡和优化成本过高
人力资源策略脱离客观环境分析	大	必须客观分析公司的SWOT四要素，之后制定科学的人力资源策略，防止制定策略脱离实际
人力资源战略没有达成共识	大	人力资源战略是公司发展战略的一部分，必须经过公司的评审，形成一致意见
岗位设置不合理、岗位职责不清晰	大	必须对公司岗位职责进行清晰定义，避免职能交叉，存在职能真空（有事无人管）或者因人设岗的问题
人力资源配置不及时、不合理	大	要特别关注涉密等岗位人员配置不适当的问题，充分考虑关键人员忠诚度，避免影响公司正常经营
人力数量规划出现"画大饼"现象	大	避免部门保护主义，按照业绩科学规划人员数量，避免人员数量规划超越业务成本

第三章
招聘管理

本章导读

- 新员工常见招聘渠道有哪些?
- 招聘的渠道为何考虑性价比?
- 招聘过程如何做到规范有序?
- 《新员工招聘申请表》要突出哪些要素?
- 录用新员工要注意哪些事项?
- 《录用通知书》如何设计才有效?
- 薪酬谈判与薪酬职级有何关系?
- 招聘过程中有哪些常见的风险?

招聘管理是指企业根据人力资源管理战略规划要求，从企业内部和外部吸收人力资源的过程，员工招聘包括员工招募、甄选和聘用等内容。

招聘管理工作直接关系到企业人力资源的质量，有效的招聘工作不仅可以提高员工素质、改善人员结构，也可以为企业注入新的管理思想并增添新的活力，甚至可能给企业带来技术、管理上的重大创新。

一、管理目标

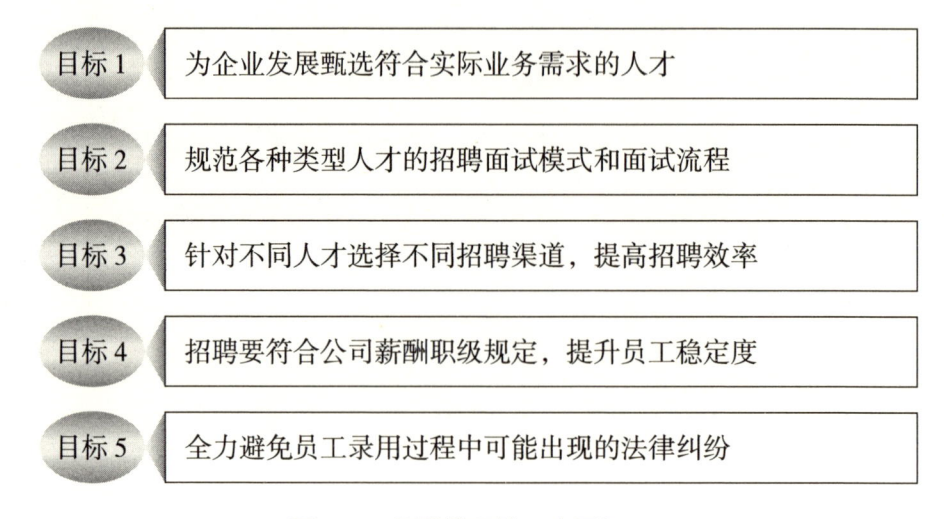

目标1	为企业发展甄选符合实际业务需求的人才
目标2	规范各种类型人才的招聘面试模式和面试流程
目标3	针对不同人才选择不同招聘渠道，提高招聘效率
目标4	招聘要符合公司薪酬职级规定，提升员工稳定度
目标5	全力避免员工录用过程中可能出现的法律纠纷

图3-1　招聘管理的五大目标

二、招聘渠道

招聘是企业整个人力资源管理活动的基础，有效的招聘工作能为以后的员工培训、考核、薪酬福利、劳动关系等管理活动奠定良好的基础。员工招聘是人力资源管理的基础性工作，常见的招聘渠道有很多，现对各种招聘渠道的优劣进行分析，如表 3-1 所示。

表 3-1　不同招聘渠道的优劣分析

招聘渠道	适宜范围	备　注
招聘网站	中高端人才	通过网站招聘的优点是搜索速度快
媒体广告	中低端人才	专业的招聘类报纸或杂志
招聘会	各种人才	政府部门举办的各种招聘会
校园招聘	应届生	每年9月以后可以进行
猎头	高端人才	人力资源部负责行业猎头机构的建立，为企业猎取高端人才
内部推荐	各种人才	为了吸引更多的人才加盟，企业鼓励内部员工推荐人才和自荐
其他渠道	……	……

小贴士

招聘渠道的选择要考虑性价比，高端人才通过猎头，中低端人才通过招聘网站，高校毕业生通过校园招聘和招聘网站。在人力资源规划指标需要严控的条件下最好启用内部招聘，给员工更多职业挑战的机会。

为了降低人力招聘成本，可以建设公司的人才简历库。

三、招聘流程

1. 招聘需求审批

- 招聘的依据是企业审批后的《年度人力资源规划》，如果企业严控招聘，则每次招聘也都需要提交《新员工招聘申请表》，如表 3-2 所示。

表 3-2 新员工招聘申请表

需求部门			需求岗位		
申请日期	年 月 日		到岗日期要求	希望到岗日期：___年__月__日前 最迟到岗日期：___年__月__日前	
申请原因					
部门招聘人员需求清单					
岗位名称	需要招聘人数	编制人数	现有人数	紧急程度	建议待遇区间	是否符合薪酬规定
						□符合 □不符合
						□符合 □不符合
						□符合 □不符合
岗位描述						
主要职责						
任职资格	基本条件	（提示：学历、任职经验等）				
	资格标准	（提示：知识和技能等）				
	参考标准	（提示：综合素质和过去取得的业绩等）				
审批栏	（提示：根据审批级别来设计，以下表格相同）					

超过预算编制的特殊岗位招聘，需要填写《特殊岗位人才招聘特批表》，参考表 3-3。

表 3-3　特殊岗位人才招聘特批表

招聘部门		招聘职位	
岗位级别		招聘人员要求到位时间	
岗位关键程度	□特别关键　□非常关键　□关键　□普通		
招聘紧急程度	□特别紧急　□比较紧急　□紧急　□一般　□不着急		
申请特批人员基本情况概述			
目前提供待遇范围		申请特批人员要求的工资待遇	
特批原因描述			
审批栏			

2. 简历筛选

招聘负责人对应聘资料进行分类并初选，并将初选简历提交用人部门负责人。用人部门负责简历的复选，并将面试名单与面试日期传回人力资源部，人力资源部负责通知面试人员面试。

3. 初试

- 初试由人力资源招聘主管与待聘岗位的直接主管共同完成，视实际需要采用面试、笔试等方式进行，初试时应聘者填写《应聘人员登记表》，如表 3-4 所示。
- 待聘岗位的直接主管需要从应聘者的职业资格、专业知识、工作经验、专业技能、从业能力、可培养性等角度对其进行测试，填写《面试评价表》中的相关评价，如表 3-5 所示。

表 3-4　应聘人员登记表

应聘职位				应聘部门		
姓名		性别		出生日期		
民族		户口		婚姻状况		
身份证号			籍　贯			
最高学历		专业		毕业时间		
毕业院校				第一外语		水平
手　机			紧急联系人及联系电话			
电子邮件			QQ 或 MSN			
目前住址						
工作经历（从最近的经历开始）							
起止日期 年/月　年/月	工作单位及部门	职位	离职原因	薪酬	证明人及联系方式
当前薪酬档案社保及公积金状况					

- 个人档案存放地：
- 已参加的社会保险项目：□养老保险　□失业保险　□医疗保险　□工伤保险　□住房公积金
- 目前薪酬（月薪税前）：　　　元/月
- 期望待遇（月薪税前）：　　　元/月
- 最低期望待遇（月薪税前）：　　　元/月

个人声明

　　本人承诺以上所提供事实具有真实性，电子简历和填写的简历内容是一致的，如有虚假愿意承担被解聘的后果。

应聘人员签名（日期）：

小贴士

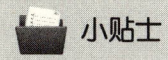

《应聘人员登记表》信息必须要求应聘者填写完整,防止真实信息被隐瞒。如果应聘者填写不完整,招聘负责人有权停止面试。

表 3-5 面试评价表

应聘职位			应聘部门		
面试评价	面试要点	评价要点			评价记录
	工作经验	从业经验、岗位经验、行业知识基础			
	专业技能	岗位关键技术、知识、能力要点的掌握情况			
	从业能力	沟通与表达能力、工作态度与积极性、团队合作意识等			
	职业资格	岗位要求的教育及培训、相关执业证书等			
	……	……			……
	可培养潜质	职业潜质、发展方向			
评价结论	面试官结论: □满意,希望确保录用　　□基本满意,可以备选 □不太满意,需要再考虑　　□不满意,回绝 　　　　　　　　　　　　　　　　　面试官(签字/日期):				
人力资源复试	复试要点	评价要点			评价记录
	教育背景	学历教育情况、在职培训情况、证书			
	性格品质	性格特点、组织纪律性、责任心等			
	交流能力	沟通与表达能力、团队合作能力、工作积极性、求职动机等			
	礼仪	着装、礼节、语言、气质等			
	……	……			……
	其他	工作及薪酬期望、可到职时间、家庭状况等			

续表

复试结论	薪酬职级：□符合公司规定　□超出公司规定：需要特批 总体结论：□符合招聘要求：推荐进入终试 　　　　　□基本符合招聘要求：谨慎推荐进入终试 　　　　　□不符合招聘要求 　　　　　　　　　　　　　　人力资源负责人（签字/日期）：

- 人力资源招聘主管需要从应聘者的教育背景、性格品质、交流能力、礼仪、工作期望等方面对其进行测试，填写《面试评价表》中的相关评价，并就薪酬福利情况做初步商谈。
- 初试后，人力资源招聘主管需要与待聘岗位的直接主管就面谈结果达成一致意见，初试未通过者，由人力资源招聘主管负责通知应聘者。

小贴士

对于技术人员的招聘，建议组织笔试以证明其实际技术水平和能力，企业要设计题库随机安排考试题目，通过笔试之后方可复试。

对于初试没有通过的，注意要委婉通知，致谢应聘者能参加应聘，给应聘者留下良好的印象。

4. 复试

对于需要复试者，由人力资源招聘主管联系相关主管及相关部门负责人、人力资源负责人与应聘者面谈。

复试结束后，人力资源招聘主管将拟录用者的所有书面材料、面试和复试材料提交人力资源负责人，重要岗位须召集相关部门负责人等共同讨论并达成共识。

5. 关键岗位面试

本着关键人员聘用高度审慎的原则，部门经理及以上级别的人员招聘需由企业人力资源总监与相关领导联合面试，面试过程中要充分尊重应聘者，注意企业的良好形象。

> **小贴士**
>
> 无论是采用结构化面试还是非结构化面试，在严把面试质量关的基础上，对于不同级别人员要规范应聘流程，原则性与灵活性要兼顾，流程串行和并行共举，中小企业对于优秀高端人才要提高集体面试的效率，防止给应聘者留下公司管理官僚化的印象。

四、招聘录用

录用新员工必须填写《新员工录用审批表》，如表3-6所示，确保用人手续规范齐全。只有《新员工录用审批表》通过审批后，方可发《录用通知书》给应聘人员。

表3-6　新员工录用审批表

拟录用员工姓名		录用部门	
岗位		计划入职时间	
最高学历		最高学位	
毕业院校		籍　贯	
毕业时间		工作年限	
招聘依据	□年度计划内　□填补人员离职空缺　□其他因素		
招聘渠道	□网站　□猎头　□同事推荐　□校园招聘　□招聘会 □媒体广告　□其他		
部门提出招聘日期			
实际招聘周期	年　月　日至　　年　月　日		
主要面试官	初试人员：_____（是否有笔试：□无　□有，笔试成绩：　　） 复试人员：_____ 薪酬谈判：_____　谈判最终薪酬待遇：_____元/月		

续表

综合面试意见	职位匹配度： 薪酬匹配度： 最大的优点： 最大的缺点： 试用期考核：
录用审批栏	

总经理（或授权主管）审批后，可以给员工发放正式的《录用通知书》，参见表3-7。

表3-7　录用通知书

尊敬的　　　先生（女士），	
您好：	
祝贺并欢迎您加入我们的大家庭！	
为了保障您的权益，入职相关要求如下：	

录用职位	
薪酬待遇	您的试用期薪资为转正后工资的____%，试用期工资为人民币____元/月（税前，大写为_____），公司通用的福利按公司规定发放。 其他约定福利： （1）_____ （2）_____ （3）_____

续表

报到日期	请您最迟于____年__月__日前正式入职（逾期视同您放弃被录用资格），请于上述到职日期9：00时向公司报到，填写《员工情况登记表》，签订劳动合同，接受新员工入职培训等。
试用期	您的试用期为___个月，试用期间如不符合录用条件最多延长到6个月。
录用标准	您的个人技能达到所应聘岗位录用标准，并接受职位所要求的标准考核必须具备的条件如下： （1）_____ （2）_____ （3）_____ （4）_____ （5）_____
试用期考核	
相关手续	如无异议，请您办理下列相关手续： （1）开具与原单位解除劳动关系证明（应届生要有报到证等相关证明）； （2）体检：具体要求为_____（入职前6个月内体检报告有效）； （3）其他：_____
报到与入职	以上手续办理完毕后，请持以下材料于____年__月__日__时，到____人力资源部报到，需要关键材料分类如下： （1）与前一单位解除劳动关系的证明（必须盖公章，应届生不需要）； （2）身份证或户口簿原件和复印件； （3）学历、学位证书原件和复印件。 可选材料： （1）职称及其他证书等原件和复印件； （2）获得各项荣誉和奖励证明。
特别提示	关键材料提交不全视同您不符合录用条件，本公司将不予办理报到手续，请收到《录用通知书》后予以确认，及时把此通知反馈给人力资源部。
录用确认	请签署此承诺函并传真给我们（传真号码：_____），或者在收到邮件48小时内正式确认，以示您接受录用（逾期视同您放弃入职资格）。 请对本承诺函内信息保密。 如有任何问题，请随时与人力资源部相关人员联系。
	（公司盖章）　　　年　　月　　日

> **小贴士**
>
> （1）要特别关注《录用通知书》填写内容的完整性和规范性，防止关键的录用条件、薪酬待遇等条款发生歧义和争议。
>
> （2）《录用通知书》要有确认的时限要求，通常在两天也就是48小时内。如果没有及时确认，逾期视同放弃权利。
>
> （3）《录用通知书》要正式确认录用条件，防止入职后发生争议。

五、经典案例

典型案例1　面试提问不当引发的用人问题

【案情介绍】某企业老总迫于严峻的市场销售形势急需招聘销售总监，不顾人力资源部提出的关键核心岗位招聘必须规范化的建议，亲自参与现场面试。面试开始后，老总对前来参加面试的葛先生感觉不错，二人聊得非常投机，聊天过程中发现两人还是老乡。老总感觉这个人非常可信，于是作为主考官，他提出以下几个简单的问题：（1）这个职位要带领20多人的队伍，你认为自己有能力领导吗？（2）你的团队管理能力怎么样？（3）你个人抗压能力如何？要知道葛先生可是职场老手，回答起这些问题来口若悬河，老总非常高兴，当场拍板录用葛先生。

然而，在葛先生入职后不久，老总发现其能力极其一般，于是要求在试用期辞退他。葛先生刚从上家工作单位离职，好不容易找到一个高薪的工作，当然对此非常不满，于是趁机卷走公司部分财物后消失。人力资源部后来查验发现其登记表上所填写的联系方式全是虚假信息。

本案例中，该公司老总面试时的询问方式是否合适，其当场拍板的做法是否妥当？

【案例分析】老总问的三个问题本应该设计成开放式，他却错误地采用了封闭式提问方式，因此候选人从老总询问的问题中很容易就能知道他想听到的答案是什么，实际上这是面试中的大忌，面试官肯定无法从中得到真实的回答。

面试中的提问技巧非常关键,采用开放式的问话方式可以让应聘者畅所欲言,进而通过对应聘者前后话题进行逻辑分析,可以判断应聘者是真正有实力还是在吹牛。有些应试者会对探索性问题以数量化的方式回答,有些则非常具有分析性、批判性、逻辑性,或倾向于线性思考。而招聘者能够从中更好地了解应聘者过去是否有过类似的工作经历等,从而判断其能否适应相应工作。这种问题就是有效的面试问题。

一次成功的面试不但是对应聘者的考验,更是对主考官设计有效面试问题的考验,是双方能力和智慧的博弈,如果面试问题不当,很容易导致用错人的情况发生。

典型案例2　用人单位发出录用通知后又拒绝录用的法律后果

【案情介绍】北京市某公司发出《录用通知书》,明确表示该公司已正式决定聘用魏某。《录用通知书》上对魏某试用期的薪资标准、相关福利、最迟报到日期等作了非常详细的说明,并明确提出一条录用条件,即如果体检不合格将不能被录用。接到《录用通知书》以后的魏某很高兴,果断地向原公司提交辞呈并顺利辞职。在正式入职前一周,魏某到当地医院进行体检,医院出具的体检报告表明魏某患有心脏病。魏某到新公司报到后,该公司以魏某体检不合格、不符合录取标准为由拒绝录用魏某。魏某提起仲裁,要求该公司赔偿一切损失。

仲裁结果:该公司应对魏某的合理损失承担赔偿责任,按照魏某在原工作单位的6000元/月收入标准,认定魏某失业及再就业期间的合理损失总额为18000元(按照魏某正常情况下3个月应该很容易找到工作的标准给予赔偿)。

【案例分析】1. "offer"通常被称为《聘用意向书》或《录用通知书》,目前多数用人单位在与劳动者正式签订劳动合同前,都会向被正式录用的应聘人员发offer,向应聘者说明聘用决定以及岗位、工资待遇、入职时间和要求等,并要求限期答复。如果应聘者得到正式通知后逾期答复,则企业没有义务必须录取(当然企业要通过正式方式告知,包括电话、电子邮件或传真等方式,确保应聘者确实收到offer)。

2. offer 的法律性质是用人单位向劳动者发出的要约，offer 并不是劳动合同，而是用人单位单方向劳动者发出的聘用意向，是合同一方的意思表示。需要注意的是，尽管 offer 并不是正式的合同，但对用人单位而言同样具有法律约束力。只要劳动者同意聘用并符合 offer 中规定的条件，用人单位就应当按照 offer 中承诺的内容如期与劳动者订立劳动合同。

3. offer 发出后，用工双方仍处于劳动合同的订立过程中，此时如果劳动者在充分信任用人单位的基础上已经为签订劳动合同做了必要的准备和相关投入，用人单位违反 offer 中的约定，则需要承担因违背诚信原则而导致的损害赔偿责任（具体赔偿额应以应聘者各种经济损失为限）。

六、管理风险

表 3-8　招聘管理中的风险防范

风险描述	发生概率	主要防范措施
招聘需求模糊	大	招聘需求不清晰会造成招错人员，设计招聘需求表时要清晰定义必须具备的条件
虚假简历和虚假经历等欺诈风险	大	加强面试把关工作，对关键岗位人员要及时查询学历真实性并做好背景调查。在实际面试中，采用压迫式面试、细节问题刨根问底的方式，可以从一定程度上避免这样的情况出现
背景调查的风险	中	员工上家单位不配合或者提供虚假信息包庇，可通过对企业同事侧面调查方式来解决
面试流程过于复杂	大	特别重要的岗位要提高面试效率，有些真正的人才一旦感觉企业过于官僚低效，很可能会主动放弃面试机会
设计录用函的风险	中	录用函要清晰定义录用条件、薪酬、反馈时间、报到须知等

续表

风险描述	发生概率	主要防范措施
薪酬谈判	大	要善于甄别过去工作薪酬数据合理性，合理谈判薪酬，确保符合企业薪酬待遇体系。如果新招聘员工与现有员工薪酬相比有显著的差异，就会形成"薪酬挤压效应"，会发生现有员工离职的风险
录用函发放风险	大	没有经过最终录用审批，人力资源部就直接发 offer，则有可能面临劳动纠纷和相关经济赔偿的法律风险

第四章

入职管理

本章导读

- 入职流程如何做到规范有序?
- 如何合理运用《服务跟踪表》?
- 如何签订有效的劳动合同书?
- 新员工录用条件为何要确认?
- 员工提供虚假简历如何处理?
- 入职过程中有哪些常见风险?

新员工入职管理的核心理念是以人为本，要充分尊重新员工，让新员工有家的感觉，尽快融入团队，降低加入新工作环境的适应成本。

一、管理目标

目标1　规范入职流程，确保新员工入职管理规范化

目标2　高端人才入职要享受入职全过程的VIP服务

目标3　按时签订劳动合同，避免试用期的劳动纠纷

图4-1　入职管理的三大目标

二、入职流程

新员工入职通过《服务跟踪表》全程跟踪，确保其入职手续规范，如表4-1所示。

表4-1　服务跟踪表

序号	办理事项	办理须知	指定负责人	实际办理结果
1	入职各项准备工作	座位、电脑、电话和网络等		□完成　□未完成
2	发《新员工欢迎函》	确认欢迎函为最新版本		□完成　□未完成

续表

序号	办理事项	办理须知	指定负责人	实际办理结果
3	证件核查（身份证、学历学位证、离职证明、体检报告等）	通过专业网站（如学信网等）核查学历真实性		□完成　□未完成
4	签订《新员工录用条件确认书》	必须签字承诺		□完成　□未完成
5	发放考勤卡	讲解考勤制度		□完成　□未完成
6	在《员工手册》上签字	对公司管理制度的确认和承诺		□完成　□未完成
7	新员工欢迎邮件	标准格式的欢迎邮件，抄送相关知情人和领导		□完成　□未完成
8	入职当天与新员工签订劳动合同	最迟7天内必须签订		□完成　□未完成
9	指定导师完成《新员工导师培养计划表》	确保新员工及时得到指导和培训		□完成　□未完成
10	建立新员工档案	各项信息完整通过人力部门审核		□完成　□未完成
11	办公用品领取	具备办公条件		□完成　□未完成
12	开通电子邮箱	提示新员工及时修改电子邮箱密码		□完成　□未完成
13	新员工培训	公司级培训		□完成　□未完成
14	部门业务培训	部门统一安排		□完成　□未完成
15	试用期考核	试用期是否符合录用条件的考核安排		□完成　□未完成
16	其他补充内容	如名片制作等		□完成　□未完成

新员工入职各个流程说明如下：

（1）新员工入职当天需要携带《录用通知书》及其所列各项资料到人力资源部办理入职手续。关于体检可以采用最近3—6月内有效的体检报告。

（2）为了表示对新员工的欢迎，让新员工尽快融入团队，人力资源部要根据新员工的级别分级介绍给相关领导。

（3）《新员工录用函》《劳动合同》《新员工信息登记表》要及时存档备案。

（4）对于重要职位，人力资源部要提供主动式VIP服务（全程协办）。

（5）入职时必须及时确认新员工录用条件，参见表4-2。

表4-2　新员工录用条件确认书

新员工姓名		身份证号	
职　　位		部　　门	
录用条件	必须具备的条件： （1）_____ （2）_____ （3）_____ （4）_____ （5）_____			
郑重承诺并签字			
本人充分理解公司对关键录用条件的确认并郑重承诺，如果达不到关键录用条件，本人愿意接受被公司解聘的结果。 新员工（签字/日期）：			

（6）人力资源部要更新《员工信息登记表》。

（7）人力资源部要推动落实新员工导师培养计划，参见表4-3。

表4-3　新员工导师培养计划表

新员工姓名		身份证号	
职　　位		部　　门	

续表

培养计划	目前该员工已经具备的能力：		
	欠缺的技能：		
	试用期培养计划：		
	培养技能	培养方式	培养目标
导师签字确认	（签字/日期）		
导师培养计划跟踪表	计划完成情况：□完成　□未完成 对应绩效奖惩： 　　　　　　　　　人力资源部（签字/日期）：		

> **小贴士**
>
> 很多企业都建立了导师培养制度，但是在没有监督的情况下这种制度很容易流于形式，导师培养计划必须建立明确的培养目标。
>
> 人才培养是企业的基础工程，导师制必须与考核制挂钩。

（8）人力资源部要推动《新员工试用期考核表》的落实（如表4-4所示）。

表4-4　新员工试用期考核表

新员工姓名		身份证号	
职　　位		部　　门	
试用期	年　月　日到　年　月　日		
考核要求	考核指标	要求完成日期	任务完成达标标准

续表

郑重承诺并签字
本人充分理解公司对本人的试用期考核，如果达不到考核标准，本人愿意接受被公司解聘的结果。 新员工（签字/日期）：

（9）新员工入职培训项目（如表4-5所示）。

表4-5　新员工入职培训项目表

培训类别	培训目标	培训内容	备注
公司级培训	尽快熟悉企业	企业历史、发展愿景、核心价值观和经营理念、企业组织架构；企业核心业务；商务礼仪；企业政策与福利、企业关键管理制度，如绩效考核、考勤与休假等；企业高管、各部门功能介绍等	每月可根据新入职人员数量集中培训
部门培训	尽快融入团队	主要是熟悉部门整体业务，认识部门的同事，熟悉部门各项管理制度和工作流程	让新员工感受到部门的欢迎、关注和尊重，使其对胜任新工作充满信心

三、劳动合同

员工入职一个月内必须签订劳动合同（最佳期限是1周内），超过1个月未签订则需支付双倍工资。

四、经典案例

典型案例3　新员工入职，上家单位不给开具离职证明怎么办

【案情介绍】刘某是某企业新入职员工，由于上家单位发现他去了竞争对手公司（并不存在竞业限制约定），一直卡着不给他开具离职证明，刘某不知道怎么办才好。

【案例分析】原单位没有开具离职证明：离职证明在人力资源法律层面上很重要，完备的离职证明可以证明该员工已经和前一用人单位终结劳动关系、员工不存在竞业禁止情况、聘用该员工不存在涉嫌侵犯其他公司商业秘密情形。需要说明的是，承诺书虽不能代替离职证明，但其在追偿情况下会发挥作用。

常见的处理方式有两种：

- 方式1：让员工提请仲裁，上家单位有义务开具离职证明。
- 方式2：如果通过调查证明该员工确实从上家单位离职，也可以让新员工签署《新员工无法开具离职证明承诺书》，参考表4-6。

表4-6 新员工无法开具离职证明承诺书

新员工姓名		身份证号	
职　　位		部　　门	
无法开具离职证明原因			
郑重承诺并签字			
本人郑重承诺并愿意担保上述事实真实可靠，由于无法提供离职证明，本人愿意承担所有可能发生的经济赔偿。 新员工（签字/日期）：			

当然，上述方式只是权宜之计，最佳的方式是让该员工和上家单位协商，尽可能提供离职证明，协商不成可提请仲裁。

典型案例4　新员工入职后拒签劳动合同怎么办

【案情介绍】张某到某企业报到后，对该公司承诺的薪酬税前税后数额有分歧（公司发的offer上没有薪酬数据），张某认为该公司在欺骗误导他，可惜双方在这个具有争议的问题上没有留下任何管理证据。张某入职后坚持拒绝签订劳动合同，人力资源部认为员工是在讹诈公司。

人力资源从业者面对这种情况应该怎么办？

【案例分析】在现实的人力管理实践中，劳动者可能出于个人原因不愿意签订劳动合同，这其中有的是善意的，有的是恶意的。善意的如有些员工担心流动性受到约束而拒绝签订劳动合同，或为了逃避应当缴纳的个人社保而拒绝签订劳动合同或因为保险不好转移，还有的担心劳动合同中存在陷阱而拒绝签订等。恶意的诸如有意造成存在事实劳动关系的状况，为将来向企业索赔双倍工资创造条件等。

《中华人民共和国劳动合同法实施条例》第5条规定："自用工之日起一个月内，经用人单位书面通知后，劳动者不与用人单位订立书面劳动合同的，用人单位应当书面通知劳动者终止劳动关系，无需向劳动者支付经济补偿，但是应当依法向劳动者支付其实际工作时间的劳动报酬。"

人力资源部可采用以下具体解决方案：在不违反公司薪酬体系的情况下尽可能协商解决，如果该员工明显是在讹诈公司，要向该员工发出《签订劳动合同通知书》，限期要求其签订劳动合同，并告知其不签订劳动合同的法律后果，要求其在给定期限内给予答复，同时保留相关的送达凭证（如快递单据、电话录音等）。

如果该员工拒绝签收，一定要求其说明理由。经过送达之后，员工没有任何意思表达的，视为其同意《签订劳动合同通知书》内容。若员工仍然拒绝签订劳动合同的，向该员工发送《终止劳动关系通知书》，终止与其的劳动关系。

五、管理风险

表4-7　入职管理中的风险防范

风险描述	发生概率	主要防范措施
未及时签订劳动合同	中	员工入职办理流程化，落实负责人，做好入职流程检查和交叉复核，避免因没有及时签订劳动合同造成的劳动纠纷

续表

风险描述	发生概率	主要防范措施
入职须知没有签字	中	员工入职办理流程化,有入职办理流程跟踪表和明确的跟踪负责人,发现问题及时追究
员工提供虚假简历	中	及时查验员工学历证书,发现问题及时上报
入职流程没有跟踪	中	明确员工入职负责人和接口人的管理职责,并及时更新负责人信息,防止出现管理不到位的现象

第五章

试用期和转正管理

本章导读

- 对哪些员工要设置考核指标？
- 转正流程如何做到规范高效？
- 试用期考核有哪些管理风险？
- 转正审批表如何设计才有效？
- 试用期内可否随意解除合同？
- 员工简历有误导性该如何处理？
- 如何推动导师培养计划落实？
- 新员工转正有哪些管理风险？

员工试用期是指从新员工报到上班开始到正式转正所需的时间。试用期管理则是对试用期内员工的工作内容、绩效考核、薪酬定位等进行规划和管理。

企业要想在有限的试用期内发现并留住需要的人才，员工试用期管理是关键。一个有效的试用期管理可以使新员工尽快接受并融入企业文化，尽快融入团队工作，降低试用期的适应成本。

一、管理目标

目标1　及时签订试用期考核内容，防止出现试用期劳动纠纷

目标2　加强导师管理制，确保新员工入职后有人传帮带

目标3　试用期表现不同，转正要分级处理以提高针对性

图 5-1　试用期和转正管理的三大目标

二、试用期规定

任何员工进入新的公司都必须经过试用期考核。根据《劳动合同法》的相关规定，应当在劳动合同中约定试用期。公司首次签订劳动合同的期限和试用期，如表 5-1 所示。

表 5-1　试用期的法定期限

劳动合同期限	试用期期限
3 个月以上不满 1 年	不得超过 1 个月

续表

劳动合同期限	试用期期限
1年以上不满3年	不得超过2个月
3年以上和无固定期限合同	不得超过6个月

【业界惯例】一般入职时第一次签订合同以三年为宜，公司制度要有明确的规定。

劳动者在试用期的工资不得低于本单位相同岗位最低档工资或者劳动合同约定工资的80%，并不得低于公司所在地的最低工资标准。

试用期由新员工所在部门负责其工作安排、导师安排及工作考核，部门负责人与新员工导师共同负责新员工指导。

人力资源部要督促新员工导师及时制定《导师培养计划》并督促其实施，确保新员工尽快融入工作中。

三、试用期考核

人力资源部负责组织新员工的试用期考核。试用期结束后组织安排新员工做试用期个人总结，填写《转正审批表》（如表5-2所示）中"试用期工作总结分析、工作意见与建议"；导师对新员工岗位工作完成情况做出评定，并填写考核结果；部门负责人对新员工综合能力做出评价，并对新员工的工作安排、职业发展做出规划；主管经理对新员工进行试用期工作总评价及最终的岗位和职级确定。

> **小贴士**
>
> 很多企业在新员工试用期实行和普通员工一样的考核方法，这样在员工表现良好的情况下风险不大，但是对于表现较差的试用期员工还是要高度关注，发现员工能力较差的情况，要及时采用《试用期考核表》或者《工作任务书》等方式单独进行考核，并保留相关考核证据，以防止出现劳动纠纷。

四、转正流程

试用期员工转正主要有以下几种类型：

1. 提前转正：根据新员工的能力及业绩表现，新员工导师及部门负责人可以提出新员工提前转正的书面申请。试用期不能短于1个月，由人力资源部组织考核。

2. 正常转正：人力资源部应至少在新员工试用期满7个工作日之前组织对新员工试用期的考核，用人部门应至少在新员工试用期满3个工作日之前做出考核结论，并将书面考核材料提交给人力资源部。

3. 对于未通过试用期考核的员工，人力资源部应凭《转正审批表》中部门负责人及主管领导出具的不合格结论，在新员工试用期满2—5个工作日之前与员工面谈，并做谈话记录，按照劳动合同约定解除劳动合同。

需要特别强调的是，对于转正要根据试用期员工评价分类进行处理，表现越优秀的越要提高转正效率，不要给员工留下公司无效率的印象。

- 表现优秀：提前转正，或者走公司内部人才快速审批绿色通道；
- 表现一般：可以组织转正答辩会议，集体决策；
- 表现较差：试用期直接解聘。

表 5-2　转正审批表

新员工姓名		身份证号	
职　　位		部　　门	
试用期	年　月　日到	年　月　日	
试用期工作总结分析			

续表

工作意见与建议	
导师意见	工作完成情况： 考核结果：□A：表现优秀　□B：表现一般　□C：表现较差
主管考评	考评指标： 考评结果：□A：表现优秀　□B：表现一般　□C：表现较差
考评结论	□A：推荐转正　□B：表现一般，延长试用期　□C：表现较差，直接解聘
各级领导审批栏	

转正审批通过后，人力资源部要发放《员工转正通知书》，如表5-3所示。

表5-3　员工转正通知书

尊敬的_____先生/女士：

　　我们很高兴通知您：鉴于您试用期优异的表现，经公司人力资源部组织讨论并确认，您已经顺利通过公司试用期考核，将于____年___月___日转为正式员工，希望您再接再厉，取得更加优异的业绩。

　　特此通知！

人力资源部
年　月　日

五、经典案例

典型案例5　试用期可否随意解除劳动合同

【案情介绍】陈某成功应聘一家高科技公司软件开发工程师，双方签订了一份为期3年的劳动合同并约定3个月的试用期，月薪为9000元。陈某入职后直接承担未曾经历的新项目研发工作，但由于缺乏类似项目经验，给公司项目验收造成很大困难。最终他的主管经理以"试用期不合格"的名义向人力资源部提出申请，要求公司马上解除与他的劳动合同，尽快招聘更适合的人员，否则项目将无法正常推进。

陈某非常气愤，认为公司没有给他任何业务培训和个人学习的机会，也没有任何证据证明自己的工作不符合录用条件，于是提起劳动仲裁，要求恢复双方的劳动关系。

劳动争议仲裁委员会最后支持了陈某的所有请求事项。该公司不服，提起诉讼，经过一审和二审，法院最终还是认定其解除劳动合同违法，并支持了陈某的请求。

【案例分析】本案系一起典型的试用期内违法解除劳动合同的案例，一些用人单位利用试用期制度侵害劳动者的合法权益，如不签订劳动合同、单独签订所谓的"试用合同"、随意决定试用期期限、有意拉长试用期以及在试用期内随意解除劳动合同等。

很多单位在试用期对所招聘的员工不满意后，通常都会以"试用期不符合录用条件"为由解除双方的劳动合同，如果不谨慎处理，不仅达不到解除合同的目的，反而会使单位陷入"用也不是，不用也不是"的两难境地。

1. 用人单位首先要有录用条件的设计：没有录用的条件，解除劳动合同就会失去客观依据。录用条件指的是所招聘人员必须具备的条件，主要包括文化程度、技能要求等方面。每个公司都可以根据自身的经营管理需要，针对特定岗位设定录用条件。要特别注意的是，录用条件并不能等同于招聘条件，应当入职后重新制定录用条件并让新员工签字。

2. 试用期解除劳动合同必须依法处理：试用期内必须满足法定条件，用人单位才可以解除。《劳动合同法》第37条赋予劳动者在试用期内提前三天书面通知用人单位即可解除劳动合同的权利，但于用人单位而言却没有这种权利。在试用期内，除劳动者有第39条和第40条第1项、第2项规定的情形外，用人单位不得解除劳动合同。因此，即便是在试用期内，用人单位也无权随意解除劳动合同。

3. 注意试用期考核证据的收集工作：用人单位必须对员工在试用期内的工

作表现、工作态度、工作业绩进行考核记录，并在试用期满前做出考评意见，同时须被考核人签字确认，只有考评结果证明员工的行为确实与当初制定的录用条件是不相吻合的，才可以考虑解除合同。要特别注意的是，考核解除必须在试用期内完成，一旦试用期结束，就不能根据《劳动合同法》第 39 条第 1 项的规定来解除双方的劳动合同。

典型案例 6　用人单位认为员工简历内容有误导性的，能否解除劳动合同

【案情介绍】王浩（化名）是某大学的硕士研究生，在一次校园招聘会上参与某外企的招聘。双方经协商确定，王浩毕业后到该公司担任研发经理，试用期为 3 个月，月薪为 10000 元。王浩毕业后和该公司签订了为期 3 年的劳动合同（约定 3 个月的试用期）。在试用期即将结束的前一周，王浩接到通知，要求他主动离职，理由是他的求职简历中存在误导公司的描述。王浩认为自己的简历是真实的，公司理解错误是公司的问题，因而不接受公司要求其主动提出离职的建议。

请问公司可以随意找理由与王浩解除试用期劳动合同吗？

【案例分析】1. 如果公司以"在试用期内被证明不符合录用条件"为由和王浩解除劳动合同的，应当证明王浩不符合录用条件。

2. 即使公司根据"用欺诈、胁迫的手段或者乘人之危，使对方在违背真实意思的情况下订立劳动合同导致劳动合同无效的"这一条与王浩解除劳动合同也很困难，公司首先要做的是确认劳动合同无效。《中华人民共和国劳动法》（以下简称《劳动法》）第 18 条第 3 款规定："劳动合同的无效，由劳动争议仲裁委员会或者人民法院确认。"因此，公司无权单方认定劳动合同无效，而必须提请劳动争议仲裁委员会或者人民法院予以确认。目前来说，认定劳动合同无效在程序上很漫长，实体上也很难认定，对用人单位来说难以操作。

3. 用人单位要想在试用期内解除劳动合同，如果没有事先设置好录用条件，劳动者又不存在严重违反规章制度等硬性规定情况，想解除劳动合同非常困难。

六、管理风险

表 5-4 试用期和转正管理中的风险防范

风险描述	发生概率	主要防范措施
未及时签订试用期考核标准	大	没有明确的试用期考核指标，一旦发生试用期不符合录用条件的情况，公司有可能承担仲裁的风险，为此用人部门要保留考核的客观证据
转正审批效率低下导致员工试用期到期自动转正的问题	大	不同级别员工要有不同的规范化转正流程，严格规范转正审批流程，防止试用期到期时员工自动转正的问题
试用期员工缺少规范化的培养	大	特别是对没有工作经验的员工，要有明确的"传帮带"管理制度要求，试用期没任何培养计划的，属于企业对员工不负责的表现

第六章

绩效管理

本章导读

- 绩效考核有哪些常见方式？
- 绩效考核的主要原则有哪些？
- 目标考核和 KPI 考核有何特征？
- BSC 考核适合哪种类型？
- 360 度考核究竟有何缺陷？
- OKR 考核法有哪些创新理念？
- 如何避免绩效考核"一刀切"？
- 以正向激励为主是什么含义？
- 如何提升绩效访谈针对性？
- 如何采用有效的专项考核？
- 如何避免考核中的晕轮效应？
- 绩效考核有哪些常见风险？

绩效管理是指通过设定组织目标，运用一系列的管理手段对组织运行的效率和结果进行控制与掌握的过程，包括长期绩效管理和短期绩效管理。绩效管理不仅强调结果导向，而且重视达到目标的过程。

绩效管理中的关键环节是绩效考核，考核是公司战略落地的抓手，是促进公司执行力的关键举措，核心目的是激励鞭策员工、将员工行为引向企业的总体目标并形成合力，在企业内部保持竞争机制，通过优胜劣汰保持企业的竞争优势。

一、管理目标

目标1	绩效考核要建立在企业经营战略分解和规划基础上
目标2	避免对不同人员绩效考核"一刀切"，考核要有针对性
目标3	建立以正向激励为主、对事不对人的绩效评价机制
目标4	关注绩效及时沟通，及时发现问题，及时纠正解决
目标5	高度关注考核"双刃剑"的双向作用，发挥考核的价值

图6-1　绩效管理的五大目标

二、绩效管理重要性

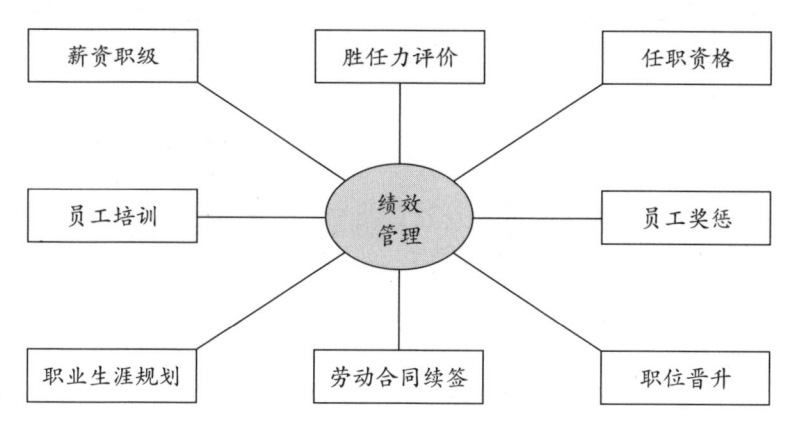

图 6-2　绩效管理的影响力

绩效管理是人力资源管理的核心，和员工薪酬职级、任职资格、胜任力评价、奖惩、培训、职位晋升、劳动合同续签以及职业生涯规划都有紧密的关系，如表 6-1 所示。

表 6-1　绩效管理与人力资源管理其他模块的关联

绩效关联	绩效优良的员工	绩效差的员工
薪资职级	绩效突出的员工，薪酬职级自然不断向上调整	薪酬职级要下调
员工培训	业绩优秀的员工公司会优先考虑其外部培训或学习机会	外部培训机会与学习成长机会相对较少
员工奖惩	奖励、鼓励为先	严重违纪的公司会处罚
职位晋升	晋升机会多	晋升机会少
劳动合同续签	公司愿意续签挽留	公司不愿意续签，到期自动终止
任职资格	公司掌握得相对较松	任职资格管理要严格
胜任力评价	能胜任，向更高级的任职资格发展	不能胜任，向下调整
职业生涯规划	给更大的发展舞台，成为公司命运共同体	在公司发展空间有限

绩效考核在绩效管理中的地位与作用：

- 从绩效管理的大循环看，通过考核能够评价绩效，检查目标是否达到，决定奖惩。
- 从绩效管理的小循环看，通过考核可以做到从经验中反省、学习和提高。
- 从管理学的"计划—组织—领导—协调—控制"这一闭合循环过程看，每一个环节都需要检查和反馈，绩效考核就是将"检查和反馈"制度化和常态化。

科学的绩效考核是管理者必须掌握的重要的管理工具和管理手段。

表 6-2　传统绩效与科学绩效的区分点

区分点	传统绩效	科学绩效
立足点	关注过去，不重视未来	纠正现在，重视未来
对人还是对事	对人不对事	针对事实，评估行为
评估依据	缺乏资料、数据	注重资料积累，数据充分
评估方法	凭主观印象	客观公正
沟通方式	单向（上下）沟通	双向沟通

三、绩效考核类别

1. 从考核单元角度

- 个人绩效考核评价：员工个人的绩效考核。
- 团队绩效考核评价：整个部门绩效的考核和评价。

2. 从任职资格、能力和素质角度

- 以任职资格为核心的考核：职业任职资格的考核和评价。
- 以优异绩效素质为核心的考核：素质评价。
- 以经营检讨为核心的中期述职：胜任力考核评价。

3. 从业绩评价和导向角度
- 以 KPI 等模式为核心的关键绩效考核：结果加上过程。
- 项目绩效考核：按照进度、成本和质量等关键要素进行考核。

4. 从考核周期的角度
- 月度绩效考核。
- 季度绩效考核。
- 年度绩效考核。

5. 从考核目的角度（针对不同部门和不同职位的员工，其考核权重也不同）
- 目标考核：对工作任务结果的评价，一般情况下只考核工作的进展情况与效果，而不对工作的过程和方式进行评价，评价标准主要是客观数据、抽样结果与实例。
- 行为考核：主要对员工工作过程、方式和工作能力进行评价，通过相关证据考核其工作的行为与过程。

我们习惯说的考核，都是目标导向型的考核。

四、绩效考核原则

- 公开性原则：绩效考核标准、程序、方法、时间等事宜透明公开。
- 客观性原则：绩效考核以事实为依据，避免主观臆断和个人感情色彩。
- 坦诚沟通原则：在整个绩效考核过程中，考核者要和下属员工开诚布公地进行沟通与交流，绩效评估结果要及时反馈给被评估者。
- 与激励挂钩原则：绩效考核与季度奖金和年终奖挂钩，并作为员工调薪、晋升、轮岗及教育培训等其他人力资源管理活动的信息和依据。
- 离散化原则：考核的结果要适当拉开差距，避免平均主义。
- 保密性原则：所有员工对考核成绩均要保密，不得随意向他人泄露。

> **小贴士**
>
> 考核的原则看起来简单，但实施起来却容易偏离方向。很多企业实施绩效考核存在对人不对事的现象，管理者凭印象打分，缺乏客观的业绩分析，也缺乏坦诚的沟通氛围，造成为了考核而考核的现象。

五、考核模式

在人力资源管理实践中，主流考核模式包括目标考核、KPI 考核、平衡计分卡、360 度考核、岗位职责考核、OKR 考核等。

1. 目标考核

企业在制定目标的时候有两个主要来源：一是基于企业整体商业目标制定的团队年度任务目标；二是基于岗位职责设定的具体目标。此外，目标设定必须符合 SMART 原则（具体、可度量、可实现、有关联性、有时限）。

工作目标确定的步骤如下：

第 1 步，向下属说明团队和自身的工作目标；

第 2 步，下属草拟自己的工作目标、行动计划、衡量标准以及完成时间；

第 3 步，主管与下属一起讨论并达成共识；

第 4 步，确定并签订工作目标协议；

第 5 步，明确考核标准和时间。

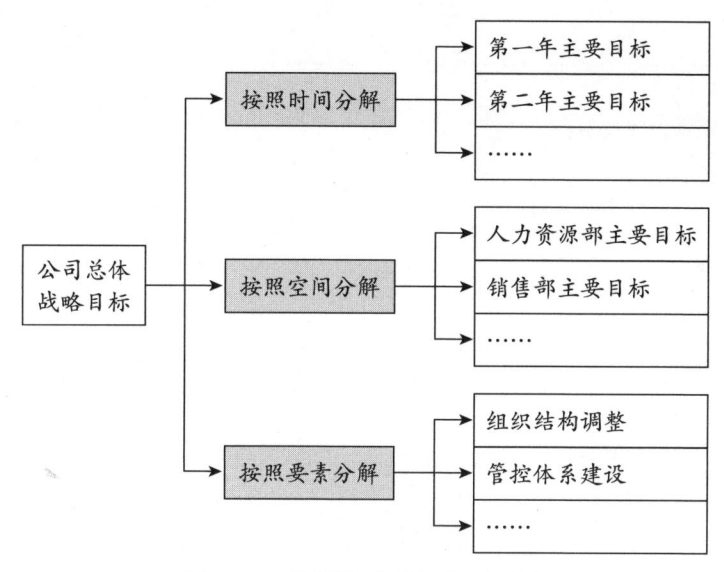

```
                              ┌─→ 第一年主要目标
               ┌─ 按照时间分解 ─┼─→ 第二年主要目标
               │              └─→ ……
               │
 公司总体      │              ┌─→ 人力资源部主要目标
 战略目标 ────┼─ 按照空间分解 ─┼─→ 销售部主要目标
               │              └─→ ……
               │
               │              ┌─→ 组织结构调整
               └─ 按照要素分解 ─┼─→ 管控体系建设
                              └─→ ……
```

图 6-3　公司战略目标体系设计

公司战略目标体系设计的成功原则是系统性、完整性、承接性和协作性，如果没有系统考虑，目标设计过程中缺乏部门之间互相支持的要素，会使各部门考核各自为战，最终无法形成管理的合力。

【参考范例】 公司通过年度经营战略目标，分解到高层领导，最终通过《年度目标任务书》来进行考核，如表 6-3 所示。

表 6-3　年度目标任务书

被考核人员		负责部门	
直接上级		直接下级	
年度业绩和任务目标书			
年度主要任务	达标标准	公司承担责任	备　注
责权利的约定：			

续表

1. 双方责任
• 人力成本控制范围：
• 人数控制范围：
2. 管理权利
• 考核权：
• 财务审批权：
3. 年度绩效
• 年度达标奖励：
• 年度不达标对应处罚：
年度任务书有效期限：自　　年　月　日至　　年　月　日
公司主管领导（签字）：　　　　　　负责人（签字）：   双方共同签订日期：　　年　月　日

表 6-4　员工目标管理考核评价表

部门：　　　员工：　　　岗位：　　　考核期：					
主要绩效目标与评价					
序号	绩效目标	权重（%）	完成期限	考核标准	实际完成情况	评分
1						
2						
3						
4						
5						
重大贡献或者重大失误加减分					
序号	典型事项说明	加（减）分	备　注		
1			
2			
3			
【累计得分】			

续表

绩效改进		
序号	有待改进之处	改进、提高的措施、方法	评估期
1			
2			
3			
考核负责人（签字）		
被考核人员（签字）		

> **小贴士**
>
> 在实际工作中，目标设定主要的难点在于：
> - 与岗位职责重复，最好的方式是针对特定任务设立目标，避免与岗位职责重复。
> - 计划赶不上变化，必须根据客观变化及时调整，确保目标有效性。
> - 目标实现缺乏数据支持，即目标实现是否缺乏客观数据支持。
> - 个人和团队目标一致性，要确保员工目标和部门目标的一致性。
> - 个人目标设定时的主观性，完全根据个人理解去设定，设定个人最容易实现的目标，回避难以实现的目标，这种情况下要自上而下推行指标。

2. KPI 考核

KPI 是英文 Key Performance Indicator 的简写，即关键绩效指标，KPI 是绩效考核的经典方法，事实上很多考核方法如 BSC（平衡计分卡）等都源自 KPI 或者是 KPI 的变形。

KPI 本质上是一种目标式量化管理指标，通过公司战略目标自上而下层层分解指标的方式，为各级业务或管理部门建立明确的切实可行的 KPI 体系，KPI 也是绩效计划的重要组成部分。

KPI 的建立过程应符合一个重要的管理原则——"二八定律"，即 80% 的工作任务是由 20% 的关键行为完成的，所以企业在具体部门或岗位设置 KPI 时不宜过多，防止眉毛胡子一把抓，抓不住重点的问题。

建立KPI的要点在于计划性和系统性：KPI来自对公司战略目标的分解，是对公司战略目标的进一步细化，KPI如同指挥棒指导着各级业务发展方向以重新适应和承接公司新的战略。KPI实施逻辑是通过将企业的愿景、使命和价值观转化为企业的战略规划，进而将组织的战略规划分解为组织的发展目标，然后将组织目标分解成各级业务关键目标，最后分解到部门和具体岗位。

KPI是对企业运营过程中关键成功要素的提炼和归纳。一般有如下特征：一是系统性，KPI必须站在公司发展全局来谋划，必须做战略解码，覆盖公司发展的各个维度；二是可控性，绩效指标必须是现实的，通过努力可达到的；三是管理导向性，KPI是指挥棒，更是工作指南针，通过内部管理流程默契协作达到公司发展目标。

KPI实施过程中，要坚持SMART原则：SMART是5个英文单词首字母的缩写：S代表具体（Specific），指绩效考核指标不能模糊笼统；M代表可度量（Measurable），指绩效指标可量化并且验证这些绩效指标的数据或者信息是容易获得的；A代表可实现（Attainable），指绩效指标通过正常努力可以实现而不是"画大饼"；R代表有关联性（Relevant），指绩效指标具有层级关联性，最终与公司发展目标相结合；T代表有时限（Time-bound），指完成绩效指标必须有特定期限的要求。

KPI考核的主要优点在于目标导向明确，上下同欲，达到凝聚力量的作用，有利于把各级业务通过KPI穿插在一起拧成一股绳；缺点在于指标界定有时候要依靠公司管理层的能力，一旦制定的指标过高或过低，最终考核数据就有可能失真，而且KPI考核会导致员工"各人自扫门前雪，莫管他人瓦上霜"的问题，可能出现团队"内卷"问题。此外，KPI考核过程可能导致机械死板的考核方式，特别是不考虑组织环境等客观环境会造成对某些员工的评价产生争议或分歧。

在企业人力管理实践中，从公司发展周期的角度来看，KPI考核比较适合处在成熟稳定期的公司，而不适合快速发展变革的公司；从行业属性角度来看，KPI考核比较适合运用在业务发展比较稳健、变化不大的行业，如生产制造业，而创新型企业如互联网企业不适合；从岗位属性的角度来看，KPI考核比较适合运用在工作比较容易被量化、工作内容比较稳定的岗位。

3. 平衡计分卡

平衡计分卡（Balanced Score Card，BSC）是美国哈佛大学商学院罗伯特·卡普兰以及大卫·诺顿提出的。之所以叫"平衡计分卡"，主要是因为这种方法通过财务与非财务考核手段之间的相互补充，不仅使绩效考核的地位上升到企业的战略层面，使之成为企业经营战略的实施工具，同时也是在定量评价和定性评价、客观评价和主观评价、短期增长与长期可持续发展、各个利益相关者之间寻求平衡基础上完成的绩效管理与战略实施过程，本质是兼顾绩效管理的均衡性。平衡计分卡适合企业各级经理的考核。

平衡计分卡从四个不同的侧面，将企业的愿景和战略转化为目标和考核指标，从而实现对企业绩效的全方位监控与管理，而不仅仅局限于单纯的财务指标（如图6-4所示）。

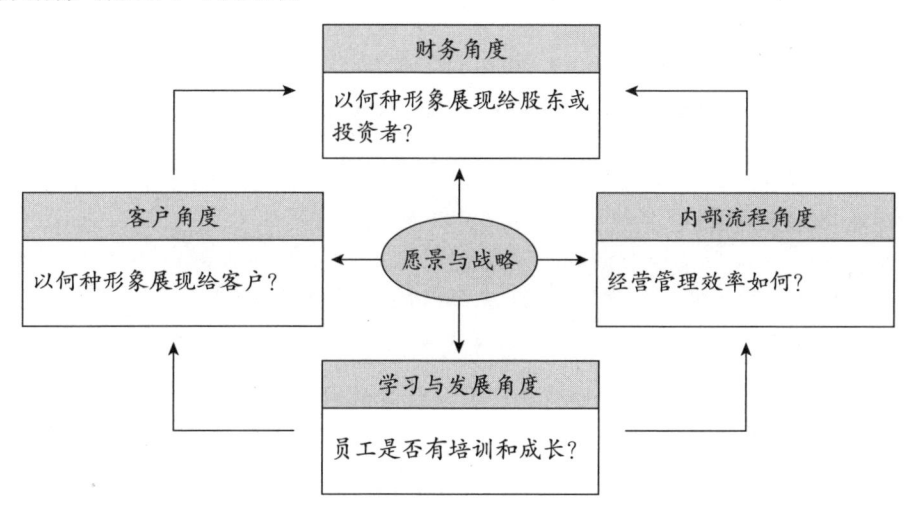

图 6-4 企业愿景与战略的 BSC 转化

表 6-5 BSC 常见重点考核指标

项目	常见指标名称	考核目的
财务角度	净资产利润率	评价公司权益资本的获利能力，为股东带来更大的价值回报
	利润率	评价公司的收益能力及市场表现

续表

项　目	常见指标名称	考核目的
财务角度	销售收入	评价公司的收入规模及增长速度，实现公司业务的合理增长
	净现金流量	评价公司的获利质量和持续经营能力，降低公司经营风险
客户角度	客户满意度	综合评价公司在为客户提供产品过程中的表现
	产品质量投诉次数	评价工程施工过程中的质量控制效果
	验收合格率	评价项目质量满足客户的比率
内部流程	管理制度规范性	评价公司各项管理是否科学规范
	流程执行效果	评价公司新的流程制度的执行效果
学习与发展	关键人才培养计划完成率	评价公司范围内各部门培养关键人才的情况
	内部培训落实率	评价公司内部培训计划落实比率
	外部培训落实率	评价从外部引入培训计划的落实比率

4. 360 度考核

360 度考核又称"全视角考评"（也被称作"360 度绩效反馈评价""全方位反馈评价""多源反馈评价"），考评人包括被考评人本人、上级、同级、下级和客户，通过反馈达到改变行为、提高绩效的目的，如图 6-5 所示。

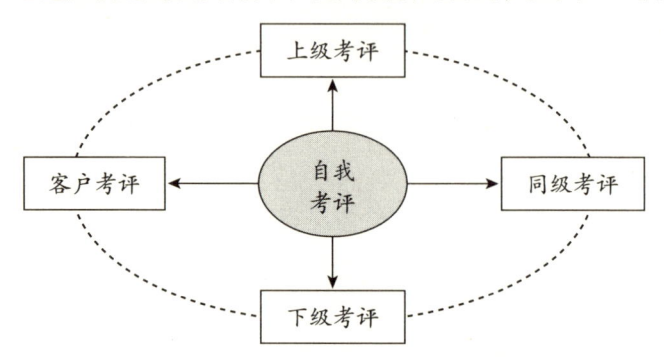

图 6-5　360 度考核中的考评来源

360度考核的价值：

- 对员工进行全方位的客观评价。
- 为员工的薪酬管理提供依据。
- 为员工的职务调整提供依据。
- 为员工的培训工作提供方向。
- 有助于员工更好地进行自我管理。

各考评来源优缺点比较结果见表6-6。

表6-6　360度考核中不同考评来源优缺点对比

考核主体	主要优点	主要缺点
上级	对被考核者非常了解	"晕轮效应"，个人偏见
同级	有利于小组提高团结性和绩效	个人情感因素和偏见会导致抬高或贬低被考核者，如有利益竞争关系则更不客观
本人	提升自我发展管理意识，不断加强自我总结能力	一般情况下"自我感觉良好"，对自己的评估高于对其他人的评估
下级	帮助上级进行管理诊断，提高管理能力，同时有权力制衡的作用	不能公正或全面地做出评价，导致上级过分注重员工的满意度
客户	模式策略必须得当，评估结果一般会具有相对独立性和公正性	不容易获得客户支持，最佳方式是电话独立访谈

360度考核的主要优点：

- 更多的信息评价渠道。
- 兼听则明。
- 排除团队消极分子的有效手段。
- 多维度引导促进员工的全面发展。

360度考核的主要缺点：

- 数据收集和处理成本非常高。
- 对于一些数据很难辨别真伪，需要耗费大量精力去研究。
- 考核过程中可能导致企业内出现紧张气氛。
- 可能导致团队钩心斗角，互相猜测不信任。

表6-7 360度考核表

姓名		所在部门	
岗位		考核周期	
考核指标	权重（%）	完成期限	考核标准	考核结果自评分
个人自评总分：				
直接主管评价	总体评价： 突出业绩： 工作不足： 总体评分：		
同事评价	同事A	
	同事B	
	……	
客户评价	客户名称： 员工表现突出之处： 员工表现不足之处： 客户给该员工评分为　　　分
综合得分	综合各方面得分，最终得分为　　　分

为了提高360度考核的效率，提高考核的针对性，其中可以优化的环节是部门之间的考评，即通过《部门间满意度评估表》来实现，如表6-8所示。

表6-8 部门间满意度评估表

被评价部门		评价部门	
评价周期			

续表

评价指标	服务标准	服务响应速度	实际服务质量
最满意之处			
最不满之处			
希望改进要点			

部门评价标准：

- A:（10分）非常满意，提供的服务始终超越接受服务部门的常规标准要求。
- B:（8分）比较满意，提供的服务响应速度快，服务质量高。
- C:（6分）可接受，提供的服务维持或偶尔超越接受服务部门的常规标准要求。
- D:（4分）不太满意，提供的服务基本维持或偶尔未达到接受服务部门的常规标准要求。
- E:（2分）非常不满意，提供的服务显著低于接受服务部门的常规工作标准要求。

通过上述评价，集中汇总各部门的意见，归纳总结，形成各部门下阶段绩效改进的目标和重点。

5. 岗位职责考核

岗位职责考核主要常用在职能部门。职能部门的工作特点是"管理不出事谁都看不见，出事谁都看得见"，所以岗位考核可以相对简单操作，举例如下。

表 6-9　人力资源部岗位职责绩效评价标准

类型	岗位职责类别	岗位职责细化	岗位达标标准（容忍度）	岗位绩效评价标准
岗位职责倒扣分准则	招聘	招聘新员工必须填写《新员工招聘审批表》	所有招聘岗位都采用《新员工招聘审批表》	没有经过公司领导审批擅自招聘，每次扣 5 分
		及时筛选简历，发给相关经理	70% 的岗位提供简历要及时	被 30% 以上招聘岗位投诉，每超过 1 个岗位，扣 3 分
		公司领导审批后发 offer	——	没有经过公司领导审批擅自发 offer，直接扣 10 分
	新员工签订劳动合同	新员工入职 30 天内按时签订《劳动合同书》	——	入职 30 天内没有签订《劳动合同书》，每次扣 10 分
	入职管理	服务满意度	3 人次	超过 3 人次投诉，每超过 1 人次扣 3 分
		文档内容完整性	3 个	超过 3 个文档不合格，每个文档扣 3 分
	员工工资	按时发放工资	——	员工工资核算准确，每季度由于计算误差引发的投诉不超过 3 人次，超过 1 次扣 5 分
	员工转正/合同续签	按流程要求按时完成员工转正/合同续签	每季度投诉不超过 3 人次	超过 3 人次，每发生 1 次扣 5 分
	培训	月度内部培训计划按时完成	2 个培训项目	超过 2 个项目没有完成，每个项目扣 3 分
		文档内容完整性	3 个	超过 3 个文档不合格，每个文档扣 3 分
	绩效考核	按时组织绩效考评	——	没有按时组织绩效考评，每次扣 5 分
		文档内容完整性	3 个	超过 3 个文档不合格，每个文档扣 3 分

续表

类型	岗位职责类别	岗位职责细化	岗位达标标准（容忍度）	岗位绩效评价标准
	所有职责	维护公司经济利益	——	问题极其严重给公司造成重大经济损失，难以挽回的，一次性扣20分
		维护部门荣誉	——	公司领导对本职工作有重大投诉，严重影响部门形象的，一次性扣8分
		维护员工利益	——	由于本职工作失责或者缺乏责任心，给员工造成经济损失，员工有投诉的，一次性扣5分
		……	……	……
加分标准	当月岗位有重大贡献（非本职岗位必需的要求，为公司节约或者避免各种重大经济损失）		一次性加5分	
	当月为公司做出典型的突出业绩（成效）		一次性加10分	

小贴士

对职能部门的考核不要太复杂，以岗位考核为基准，明确定义岗位达标的标准、岗位应遵循的制度和流程。此外，要经常维护和更新每个人的岗位职责，在公司范围内做到岗位职责清晰规范，防止管理不到位和互相"踢皮球"的现象发生。

6. OKR 考核

谈到绩效管理工具就不得不谈到业界最热门的 OKR（Objectives and Key Results），即"目标与关键成果法"。

OKR 是一套明确和跟踪目标及其完成情况的管理方法，在谷歌、脸书（Facebook）、领英（LinkedIn）、华为、字节跳动等企业得到广泛使用和推广。

从严格意义上讲，OKR 是一种目标管理工具，这个工具融合目标管理、员工激励、沟通和研发产品创新的新理念。OKR 的核心在于以创新拥抱变革，以透明和不断试错的方式确保组织业绩目标的快速迭代，其本质是一套管理理念。

OKR 中的 O 是目标：这个目标是有野心的，富有挑战并且是非常不容易实现的，蹦一蹦不见得够得着，OKR 鼓励员工作出卓越的贡献，而不是达到某个容易考量的业绩目标就是令人满意的；一般来说如果 10 分为总分的评分，实施结果达到 6—7 分就是非常好的了，靠更高的挑战目标驱动，员工才会不断为实现更高的目标而奋斗。

OKR 的 KR 是关键结果：为了完成这个目标我们必须做什么，要达到什么样的结果。

关于 OKR 和 KPI 的区别如下：

表 6-10　OKR 和 KPI 的区别

区别要点	OKR	KPI
适用环境	适应互联网时代的外部环境变化	传统环境
实施流程	从下至上	自上而下层层分解
侧重点	沟通工具，团队中的每个人都要写 OKR 并在内部共享	考核的导向和抓手
管理导向	努力的方向和目标	更现实的业绩目标
目标设定	目标应是有野心的	更现实一些，通过努力可实现
考核导向	我要做的事	要我做的事
绩效过程	群策群力，重视员工主观创造性	不同岗位对创造性要求不同
强调要点	过程	结果
员工素质要求	能力素质要求非常高	普通型
与激励挂钩	与短期激励无关，主要是长期激励	短期激励 + 长期激励
适合企业	创新型企业	传统企业

国内有很多企业在试点 OKR，但是由于没有搞清楚 OKR 和 KPI 之间的

区别，导致企业推进 OKR 自下而上设定目标的愿望是美好的，但是理想很丰满现实很骨感：尤其是目标设定，有些企业让员工自己提出目标，结果纯粹是在吹牛，与实际脱节。OKR 让员工参与的思想是好的，企业在发展战略制定、考核目标分解等环节让员工充分参与进来，后续考核推动才更容易。

需要特别强调的是，国内外 OKR 的成功案例绝大多数来自互联网等相关创新型的快速扩张企业，很多传统企业试图引进 OKR 最终只能邯郸学步。企业在实施 OKR 过程中要鼓励创新，容忍探索和失败（失败了也能获得奖励这个理念一些企业估计很难接受），特别是在创意高且复杂的知识型工作领域，对需要团队合作比较紧密的并且无法用 KPI 来衡量的岗位，可以尝试 OKR。

在实施过程中，OKR 一般是以季度为周期的（主要包括确定、内部公示、执行、评估和复盘 5 个步骤），要求关键性结果要明确，即每个目标对应 3—4 个具体的关键结果，抓住关键点。另外，企业乃至部门和员工的 OKR 都是公开透明的，以避免出现大的偏差，目标必须有野心、富有挑战性（随随便便成功的目标不是 OKR）。此外，OKR 与长期激励挂钩，OKR 分数可以作为一个专项积分制度进行奖励，而不是跟短期激励直接挂钩。所以从这个意义上来讲，很多传统企业照猫画虎实施 OKR，最终绕来绕去还是会回归 KPI 的。

7. 各种考核模式对比

表 6-11　各种绩效考核模式的优缺点对比

考核模式	优 点	缺 点	备 注
KPI 考核	指标量化细致	量化指标评价需要提供大量数据支持	适合容易量化且容易收集数据的考核
平衡计分卡	将企业战略转化为 4 个维度业务紧密组成的系统，多维度考核，长期利益和短期利益、内部和外部客户相平衡	实施难度大，成本高，部分指标量化的难度大	从财务、客户、内部经营管理、学习和成长 4 个维度考核，适合部门经理以上人员

续表

考核模式	优 点	缺 点	备 注
目标考核	目标简单	缺乏过程跟踪,目标实现过程容易失控	适合销售等业绩目标单一、容易量化的考核
360度考核（全方位考核法）	多角度考核,兼听则明	考核工作量大,数据分析量大,可能成为某些员工发泄私愤的途径	从员工自己、上司、直接部属、同事甚至顾客等各个角度来全方位了解个人的绩效
岗位职责考核	岗位职责设定的业绩目标清晰	量化成分少	适合职能部门
OKR考核	适合创新或具有挑战性的项目或业务,重视员工主观创造性	目标沟通成本高,长期目标效果不明显,奖惩不一定都能和目标成果相配合,很难保证公正性	并不适合所有的公司,特别是生产经营非常稳定的公司

小贴士

考核模式并不是固定不变的,不能为了考核而考核。在实际制定考核指标过程中,BSC与KPI模式可以融合提炼,如针对部门负责人的KPI指标中可以结合BSC的4个维度的设计,最终形成适合公司实际情况的考核指标。

此外,考核模式的选择必须针对不同类型人员来进行,不能"一刀切"。

六、考核流程

通常情况下,企业考核总体流程如图6-6所示。

```
确定考核组织和职责
        ↓
   确定考核周期
        ↓
   确定考核模式
        ↓
   确定考核指标
        ↓
   执行绩效考核
        ↓
   绩效考核面谈
        ↓
   绩效考核申诉
        ↓
考核结果分析和应用
```

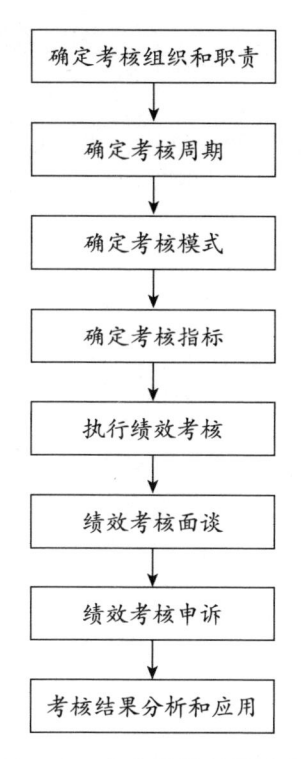

图 6-6　企业考核总体流程

1. 确定考核组织和职责

- 公司的绩效与薪酬管理委员会是绩效管理的最终决策机构，由公司管理层和人力资源部经理等组成，总经理任主席，负责考核管理制度的审核批准、年度绩效目标的制定、年中绩效目标的调整审批、年终绩效考核结果的审核确认、特殊重大事项的处理等。
- 人力资源部是绩效考核的日常归口管理部门，负责考核制度的修订、政策解释与指导、组织实施考核、考核通知发布、日常监督审核、考核结果收集、确认及汇总等工作。
- 各业务部门负责具体考核，提交考核成绩，同时执行公司绩效委员会的决议。

2. 确定考核周期

可以按照年度、季度或月度等周期进行考核，实际操作过程中，年度目标分解到季度和月度，在每季度或每月进行目标调整，最终需要分解并明确每月考核的目标。

为了保证考核的有效性，考核目标需要提前设置，做好目标实现的过程控制。

3. 确定考核模式

表 6-12　对不同人员确定不同的考核模式

人员类别	推荐考核模式	操作要点
高层领导	目标考核	签订年度任务书，确定考核目标并分解成具体考核指标
中层经理	BSC 考核	从财务指标、客户满意度指标（外部或内部）、内部经营管理（制度和流程建设）、学习和成长（培训和提升）4 个维度考核，每个维度可分解 2—3 个细节指标
销售人员	目标考核	签订年度《销售任务书》，包括销售额、毛利等
研发人员	KPI 考核	包括研发进度、质量和成本要求的 KPI
职能部门	岗位职责考核	实行岗位达标标准，不达标可倒扣分

4. 确定考核指标

在绩效考核中，考核指标的设计是难点，也是关键。公司有明确战略的，需要从高层逐层分解到位，最终落实到具体考核指标。

（1）指标选择原则

- 战略目标匹配原则：与公司的战略及年度经营计划相匹配；
- 目标驱动原则：要引导员工努力达到目标；
- 重点突出原则：如 KPI 指标最佳数量是 3—5 个，多了就会失去考核重点；
- 容易度量原则：考核指标最终落实的结果要容易度量；
- 充分沟通原则：必须和被考核人在对于考核指标的意见上达成一致；
- 激励原则：激励分为正向激励（如目标奖励）和负向激励（如完不成任务扣除绩效工资的处罚），激励的核心目的不是处罚，而是让员工努力得到奖励和认可。

（2）必须考虑清楚究竟要考核什么

- 关键业绩和非关键业绩的问题；
- 短期利益和长期利益的问题；
- 短期考核和长期考核的问题；
- 以事实为评价还是以感觉为评价的问题；
- 如何与奖金挂钩的问题；
- 考核内容可度量的问题。

（3）双向沟通的有效性问题

- 考核指标认同问题；
- 考核人自身的素质与沟通能力问题；
- 被考核人对考核的认识高度问题。

（4）考核指标具体执行问题

- 考核结果公正性：要分清员工不努力与拼命努力但仍无法完成任务的界限；
- 考核尺度松紧问题：要结合以往考核数据作为基准；
- 考核证据的提供和统计：要确保客观、容易收集和度量；
- 考核结果的认同：员工是否容易认同。

（5）在确定考核指标过程中，要注意指标确定三要素

- 指标准确度：评价指标度量的准确程度，即所度量的结果能正确反映工作绩效；
- 指标获取成本：可以低成本地获得数据；
- 指标的离散度：能反映员工间的业绩差距。

5. 执行绩效考核

（1）绩效考核成绩强制离散的原则：

- 绩效考核获奖人员比例符合"二八定律"。
- 处罚员工原则上不固定百分比范围，但是范围不能轻易扩大，要有一定限制。

（2）人力资源部下发考核通知，各部门限期提交考核结果。

（3）考核成绩由人力资源部初步审核，初步审核通过后提交绩效与薪酬

管理委员会。

6. 绩效考核面谈

绩效考核面谈是指主管经理与下属共同针对绩效评估的结果所做的看法交换与研讨。不懂沟通的经理不可能拥有一个高绩效的团队，再完美的考核制度都无法弥补经理和员工缺乏沟通所带来的消极影响。良好的绩效沟通能够及时排除障碍，最大限度地提高员工的绩效。因此，在进行绩效沟通时，主管经理要注意培养自己的倾听技巧。

- 以充分沟通而不是以惩处为目的：坦诚地沟通，以认真分析问题为主。
- 对事不对人：当员工做出某种错误或不恰当的事情时，应避免用评价标签，而应当客观陈述发生的事实及自己对该事实的感受，切忌对人不对事。
- 主管要积极地聆听：多听少说，让下属充分表达自己的意见。
- 切忌与无关人员盲目对比：有些时候与无关人员的对比会打击员工的积极性。
- 功与过都要阐述：切忌"泼冷水"。员工犯了错误，最好待其冷静后再做反馈。如果员工做了一件好事，应及时表扬和激励。
- 注意说话技巧与态度：作为一个有效的倾听者，经理应通过自己的肢体语言表明对下属谈话内容的兴趣，可通过面部表情和身体姿势表现出开放的交流姿态，确保充分有效的沟通。
- 对于合理化意见要及时总结：通过绩效反馈的意见，及时、系统地进行总结。

表 6-13 绩效考核面谈表

被考核人		岗　位		所在部门	
考核者		考核期间		考核成绩	
访谈问题	面谈内容	面谈结果		主要意见或建议	
	是否认同考核结果				
	工作突出之处				
	工作不足之处				
	下一步改进目标				

续表

	希望部门的支持		
	希望获得的培训		
	……		
绩效改进计划	改进要点	改进计划	时限要求
访谈人	（签字/日期）		

小贴士

绩效面谈的核心目的是通过双向沟通，及时发现问题而不是惩罚员工，并齐心协力地解决问题。通过绩效沟通让部属明确下一步工作方向和目标，目的是指导下属把工作做得更好，让公司更健康地发展。

7. 绩效考核申诉

员工如果对于考核结果有重大异议，可以提出申诉。人力资源部在接到员工申诉后要组织相关人员进行评估，给员工一个合理的解释，对申诉结果应跟踪处理并及时存档备案（如表 6-14 所示）。

表 6-14 绩效考核申诉表

申诉人		岗　位		所在部门	
考核者		考核期间		考核成绩	

续表

申诉事件及理由（提供证据）	
	申诉人：　　　　日期：
考核者说明（提供证据）	
	考核者：　　　　日期：
申诉处理意见人	
	人力资源部：　　　　日期：
审批栏	
	人力资源总监：　　　　日期：

8. 考核结果分析和应用

对绩效考核结果要认真进行分析和评估，分类归纳总结，如表6-15所示。

表6-15　考核结果分析和应用表

考核级别	类　　别	对应处理
A	突出业绩	薪酬职级上调，绩效工资上调
B	良好	加大培养力度
C	达标	加大培训力度
D	需要改进	培训辅导，落实提升学习计划
E	表现很差	解聘或转岗

在实际工作中,绩效考核结果应用场景如下。

【场景1】绩效工资调整

表 6-16 绩效工资调整管理表(示例)

考核成绩	考核等级	绩效工资	获得评级条件
96—100 分	A	自下季度起连续 3 个月每月上调 15% 工资	部门级的突出贡献
91—95 分	B	自下季度起连续 3 个月每月上调 10% 工资	岗位突出贡献
86—90 分	C	自下季度起连续 3 个月每月上调 5% 工资	岗位突出贡献
71—85 分	D	无奖惩(无奖励资格)	
61—70 分	E	自下季度起连续 3 个月每月下调 10% 工资	
51—60 分	F	自下季度起连续 3 个月每月下调 30% 工资	
50 分以下	G	自下季度起连续 3 个月每月下调 50% 工资	工作严重不符合要求,严重违纪或者本职工作给公司造成重大损失

【特别提示】上表仅为举例,实际考核应以本公司管理目标和要求为准。

【场景2】薪资职级调整

- 连续评价为 A+2 次,或评估为 A 级 5 次的,可以上调薪酬 1 级;
- 评价为 G 级 1 次的,予以劝退;
- 连续评价为 F 级 2 次、E 级 3 次的,下调薪酬 1 级。

【场景3】员工培训

- 对于表现良好的员工,优先考虑给予培训机会。

【场景4】员工奖惩

- 评价为 G 级 1 次的,予以劝退;
- 连续评价为 E 级 5 次的,给予劝退。

【场景5】职位晋升

- 经理级员工年度评价为 A+ 级的,优先考虑给予职位晋升机会;
- 经理级员工年度评价为 D 级的,职位给予下调。

【场景 6】劳动合同续签

- 劳动合同续签：年度评价为 E 级以下的，不续签；
- 劳动合同续签：连续 2 年年度评价为 A 级以上的，优先考虑续签无固定期限合同。

【场景 7】胜任力评价

- 经理级员工年度评价为 D 级和 D 级以下的，不符合胜任力评价关键绩效条件。

【场景 8】职业生涯规划

- 年度考核达到 B 级以上（含 B 级）的，公司给予统一的职业生涯引导和规划。

【特别提示】 上述范例仅供参考，要结合公司实际管理进行规范。

七、专项考核

无论是月度考核还是季度、年度的考核，都代替不了专项考核，二者要有机地结合起来。典型的专项考核就是以项目奖、任务书等模式进行的单独考核。

项目奖分为固定的项目考核制度，或者一个项目一种奖励目标的方式，项目负责人可通过《项目奖励政策申请表》向公司提出目标奖励申请，达标后由公司兑现奖励。

表 6-17　项目奖励政策申请表

申请人		所属中心（部门）	
奖励类型	□销售提成　□项目实施奖　□单项奖　□其他			
申请日期				
申请奖励原因				

续表

获得奖励的条件	
申请奖励人员范围	
详细奖励要求	
审批栏	

在公司统一的项目奖励制度中，要重点考虑以下考核要素：

- 项目进度：项目明确的里程碑要求、验收进度要求等；
- 项目质量：是否符合公司的质量标准；
- 项目成本：包括人力成本、差旅费等；
- 项目实施规范性：是否遵循公司要求的实施规范；
- 客户满意度：通过客户满意度调查来确定。

项目目标奖金可和项目成本节约、项目进度目标奖等挂钩（按照一定百分比），具体获得的最终奖金要和各种考核要素挂钩。

对于公司非常关键的任务，也可以采用绩效考核任务书这种方式单独考核，参考表6-18。

表6-18 绩效考核任务书（示例）

员工姓名		员工号	
所在部门		岗位名称	招聘经理
所属周期	□全年每月都相同	□20___年___月到___月	

续表

岗位范围	主要负责员工招聘管理工作
工作依据	公司《招聘管理规定》和《试用期管理规定》等管理制度和部门内部管理要求

主要考核内容	序号	任务要求	任务完成质量标准/完成标志
	任务1	按进度要求完成普通岗位招聘	进度要求：按照招聘需求的要求 完成标志：以实际发放 offer 为准 底线要求：3人（含）
	任务2	高端核心岗位招聘	进度要求：按照招聘需求的要求 完成标志：以实际发放 offer 为准 底线要求：1人
	任务3	（自定义）	进度要求： 完成标志： 底线要求：

考核约定	（1）普通岗位每月完成1人绩效工资按照50%发放，普通岗位每月完成2人绩效工资按照80%发放，普通岗位每月完成3人绩效工资按照100%发放 （2）普通岗位完成超过3人（不含）：每超过1人奖励300元 （3）高端岗位完成超过2人（含）：每超过1人奖励1000元
考核结果与绩效关系	普通岗位连续3月不达标（低于2人），岗位工资自动下调30% 重要岗位连续3月超额完成（每月超过2个），岗位工资上调50%
直接主管确认	上级主管（确认）：　　　　　　　　　年　月　日
员工签字（确认）	本人同意月度考核内容并且严格按照考核约定等相关内容执行。 部门经理签字（确认）：　　　　　　　年　月　日

八、经典案例

典型案例7　这家IT企业的年终考核为什么会失败

【案情介绍】临近年底，某IT公司人力资源部开始组织年终考核，但考核结果出来，老板并没有感到大家成绩很高，而且企业年度经营也不成功，没有达到经营目标。

需要说明的是，公司在年初的时候为每一个部门都制定了一个目标，但是到年终考核时，不仅销售任务没有完成，其他部门工作完成质量也不佳。此时大家最先指责的是销售部门，说他们没有完成任务。销售部门感觉非常气愤，觉得总公司当初设定的指标是不现实的，其他部门没有积极配合，相关资源支持也不到位。由此，销售部门、财务部门、研发部门各说各的理，到最后考核变成一场争吵，变成公司内部互相埋怨和"踢皮球"。

该公司绩效考核为什么会失败，核心原因何在？

【案例分析】这家公司考核失败的问题相当经典，非常有借鉴意义，究其原因，在于以下几个关键要素没有处理好：

1. 绩效考核没有与公司目标保持一致。确立考核体系时本身就不是科学和客观的，不符合企业的实际情况。绩效是公司战略目标落地的抓手，所以企业想达到什么目的就应该考核什么。企业考核如果只涉及一些无关紧要的项目，该考核的却没有考核，那么考核就会失去应有的价值和作用。

2. 制定考核目标必须符合实际而不能与实际脱节。从人们的主观愿望和企业的发展需求上看，都希望业绩是递增的。但是就某一个企业而言，它在面向市场竞争时必须客观。企业发展都有生命周期，有巅峰就有低谷，当企业的外部经营环境或者企业自身的经营能力受到巨大压力时，能保住现有业绩已经非常不错，更遑论提高考核标准。如果硬性考核，则失去公平，严重不公正的考核会导致核心骨干离职。

3. 把考核责任落实在人力资源部，却忽视最核心的考核部门。有的企业把考评只作为直线部门主管的事或只作为人力资源部的事。在大多数企业中，人力资源部在绩效评价方面只负有协调设计和执行评价方案的责任，而最重要的实际操作则由直接管理人员负责。事实上，评价方案的成功施行必须由人力资源部和业务部门结合起来，在此基础上制订的考核方案才具有可操作性。

4. 考核中缺乏交流沟通。不少企业往往考核完了就完了，但考核并不是目的，而是一种手段。它的目的应该是通过考核来促进企业的绩效、经营业绩的提高和加强员工能力的开发。大部分企业在考核结束后根本没有做反馈，还有的企业考评是"年仅一次",到了年底才想起来该考核了,但年初的目标计划并没有制订清楚,使考评失去了依据,令被考评者觉得不公平。

5.考核关键在于过程纠偏而不是结果。考评工作应该是一项持续不断、长年累月的活动,考核最有价值的目的在于纠偏,发现不足之处及时调整,而非为了考核而考核。

考核目标分解不到位,考核失去过程控制,单纯为了考核而做形式考核,最终让这家公司考核失败。

九、常见问题与对策

表6-19　绩效考核中的常见问题与对策

常见问题	主要对策	注意要点
考核中的晕轮效应	晕轮效应又称光环效应,属于心理学范畴。晕轮效应指人们对他人的认知判断首先是根据个人的好恶得出的,其次从这个判断推论出认知对象的其他品质的现象	避免根据个人好恶判断人,需要设定客观的考核指标,具体执行考核时要有客观的证据作为支撑,实事求是地做出客观评价
考核中的个人偏见	加强考核指标客观公正性,特别是要提供客观的考核证据;让员工口服心服是关键	不客观和不精确是绩效考核中的大忌,极易导致绩效考核中个人偏见的产生
是运用事实评价还是运用感觉评价	考核必须对事不对人,并尽可能基于事实来评价	感觉评价只适用于模糊评价的内容,诸如工作激情、积极主动性等
关键业绩与非关键业绩平衡	考核要强化关键指标,避免考核"只见树木,不见森林"的现象	在日常工作中,对非关键指标加以督促和改进,考核切忌"眉毛胡子一把抓"
团队与个体业绩的矛盾	专项奖励和个体绩效相互补充,对发挥团队价值的团队业绩在考核中优先考虑	对于一个健康的企业,发扬团队精神永远是第一位的

续表

常见问题	主要对策	注意要点
短期利益与长期利益的均衡	公司在制定战略目标分解的时候要给予考虑，部门经理以上可使用BSC的方式考核，确保短期利益与长期利益的均衡	对于管理者，考核必须避免短视行为，避免竭泽而渔，只顾眼前利益的现象

十、管理风险

表6-20 绩效管理中的风险防范

风险描述	发生概率	主要防范措施
为了考核而考核	大	考核的最终目的是做好过程控制，及时发现并解决问题，不要等到出现局面失控的情况再去改变
考核模式"一刀切"，盲目听从教科书或外部专家咨询	大	每种考核模式都有局限性，对于这一点要客观看待，考核必须听取各方面意见以实现民主决策，确保考核针对性
考核指标过于复杂，缺乏可操作性	大	如设置考核指标时，缺乏对考核指标数据收集真实性、及时性和易获得性的考查，使考核流于形式
考核指标没有达成共识	大	被考核人和考核人对于考核指标没有达成共识，考核缺乏协商和沟通
缺乏正向激励，惩罚过于严苛	大	员工得不到公正的考核必然对考核不满，久而久之就会考虑离职
缺乏业绩及时沟通和反馈	大	考核结果必须及时沟通，做好业绩目标的及时引导，如果缺乏及时有效的沟通，那么考核就会偏离方向

> **小贴士**
>
> 绩效管理是企业人力资源管理的核心模块，绩效管理不仅是管理，更是艺术。
>
> 限于篇幅，本章只对基本概念和流程做了阐述。笔者专著《绩效考核与薪酬激励整体解决方案》对绩效考核体系设计、绩效考核实施细节攻略（考核指标来源和依据、考核指标量化方法等）进行了全面系统的分析，对企业常见的不同类型岗位如何设置考核指标进行详细阐述，并分享了很多经典案例。
>
> 在企业人力资源管理中，绩效管理绝不是孤立的管理，绩效管理和薪酬管理、员工激励有密切的耦合关系，感兴趣的读者可以认真学习研究这本书，相信您能通过这本书真正学到绩效管理的精髓。

第七章
薪酬管理

本章导读

- 薪酬体系和招聘是什么关系？
- 薪酬和绩效考评是什么关系？
- 薪酬体系如何设计才有效？
- 薪酬结构设计有几种方式？
- 影响薪酬的关键要素有哪些？
- 薪酬职级表应该如何建立？
- 不同员工薪酬该如何调整？
- 薪酬实施具体策略有哪些？
- 薪酬调查常见方式有哪些？
- 薪酬管理常见风险有哪些？

薪酬管理是在企业人力资源发展战略指导下，对员工薪酬战略、薪酬策略、薪酬水平、薪酬结构和薪酬构成进行确定、分配和调整的动态管理过程。薪酬管理一般包括薪酬体系设计和薪酬日常管理等方面。其中，薪酬体系设计主要是对薪酬水平、薪酬结构和薪酬构成进行设计，薪酬日常管理是由薪酬预算、薪酬支付、薪酬调整组成。

一、管理目标

目标1	规范公司薪酬管理体系，为招聘等提供管理依据
目标2	建立规范的薪酬、与职级相对应的薪酬职级管理体系
目标3	建立薪酬和绩效相对应的薪酬关联管控体系
目标4	规范不同类型员工薪酬调整的审批制度和流程
目标5	建立具体薪酬实施策略，确保符合公司战略目标

图7-1　薪酬管理的五大目标

二、薪酬概念

在人力资源管理实践中，薪酬分为狭义和广义两种。我们平时所称的是狭义薪酬，是指员工获得的以工资等金钱或实物形式支付的劳动回报。经济性薪酬包括固定工资、月度奖金、年度奖金、现金补贴、保险福利、带薪休假、利润分享、持股等。广义薪酬（又叫 360 度薪酬）包括经济性报酬和非经济性报酬。非经济性报酬包括工作认可、挑战性工作、工作环境、工作氛围、发展、晋升机会、能力提高、职业安全等，如图 7-2。

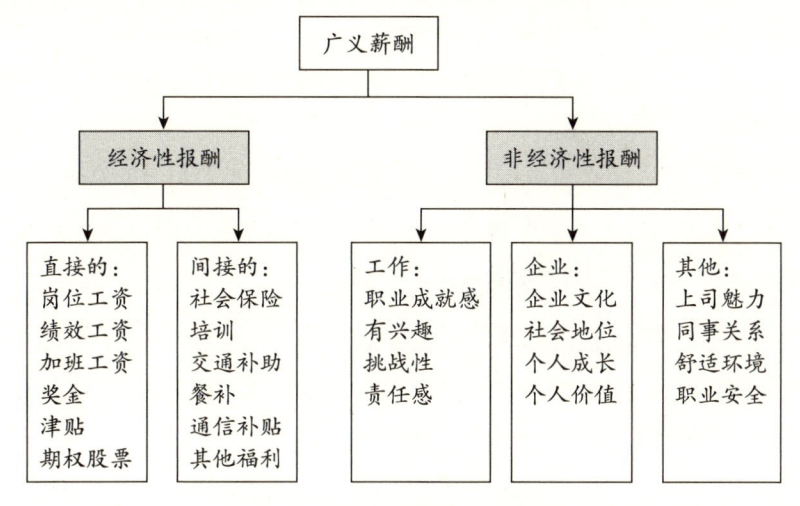

```
                    广义薪酬
              ┌────────┴────────┐
          经济性报酬           非经济性报酬
          ┌────┴────┐      ┌──────┼──────┐
       直接的：  间接的：  工作：  企业：  其他：
       岗位工资  社会保险  职业成就感 企业文化 上司魅力
       绩效工资  培训      有兴趣    社会地位 同事关系
       加班工资  交通补助  挑战性    个人成长 舒适环境
       奖金      餐补      责任感    个人价值 职业安全
       津贴      通信补贴
       期权股票  其他福利
```

图 7-2　广义薪酬的组成框架

一般而言，员工在公司工作考虑的都是全方位的广义薪酬。

三、薪酬体系设计

薪酬体系设计是薪酬管理中最基础的工作，如果薪酬水平、薪酬结构、薪酬构成等方面有问题，企业薪酬管理就不可能取得预定目标。

薪酬预算、薪酬支付、薪酬调整工作是薪酬管理的重点工作，应切实加强薪酬日常管理工作，以便实现薪酬管理的目标。

1. 薪酬制定

- 公平原则：要综合考虑外部均衡、内部相对公平、过程公平以及结果公平，最终兼顾效率与公平。
- 激励原则：关键岗位的人员薪酬要有竞争性和激励性。

- 合法原则：符合国家薪酬法律规定，如各地区最低工资标准。

2. 薪酬体系设计

- 战略匹配原则：薪酬体系的建立必须和公司经营战略以及人才战略相匹配，符合公司整体战略发展需要。
- 相对公平原则：薪酬对外和对内具有相对公平性，但不可能达到绝对公平。
- 价值导向原则：主要考虑该职位对企业的贡献与价值及胜任职位所需具备的条件、能力、职业素质要求。所有岗位都要在职位分析的基础上，经过岗位价值评估来确定岗位工资标准。
- 业绩导向原则：员工的绩效奖金反映其个人绩效状况，员工的年终奖由个人绩效与企业绩效双重因素决定，使员工分享公司业绩增长的成果，员工调薪将主要根据个人绩效和贡献进行。

四、薪酬管理流程

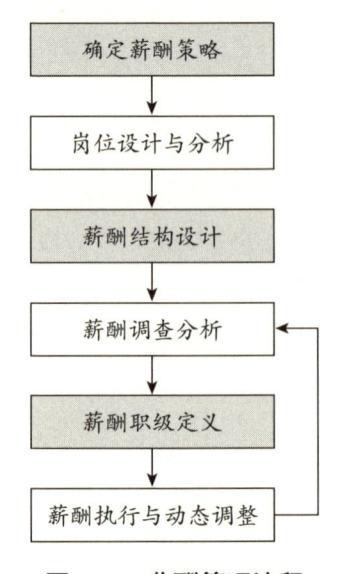

确定薪酬策略
↓
岗位设计与分析
↓
薪酬结构设计
↓
薪酬调查分析 ←┐
↓   │
薪酬职级定义   │
↓   │
薪酬执行与动态调整

图 7-3　薪酬管理流程

1. 确定薪酬策略

企业对于薪酬总体实施的策略分析如下表。

表 7-1　不同薪酬策略的对比分析

薪酬策略	主要优点	主要缺点	适用范围
领先策略	企业人才竞争吸引力大，员工满意度高	企业固定运营成本太高	企业快速爆发的发展阶段，市场领先策略
跟随策略	平衡公司发展和人力成本	必须加强薪酬调查频率	在业界具有相对竞争力的企业
居后策略	公司运营成本低	人才极易流失	企业发展初级阶段，薪酬承受力有限
差异化策略	符合"二八定律"，关键骨干人员薪酬领先，普通员工薪酬跟随策略	市场战略要清晰，人才薪酬策略调整要及时	在业界某些领域具有一定竞争力的中小企业

针对不同人才，企业采取的典型差异化薪酬管理策略参考如下表。

表 7-2　针对不同人才的差异化薪酬管理策略

人才类别	薪酬考虑原则	主要人员范围	备注
核心人才	超越期望	公司部门经理以上级别人员	公司通过高薪、股权等激励手段来完成
骨干人才	满足期望	部门业务、技术骨干	详见《骨干员工发展计划工作管理规定》
通用人才	引导期望，主要采用非物质激励的手段	普通员工	技能部门内部互相培训，形成合理流动机制和竞争机制
辅助人才	平衡期望	部门助理等	正常薪酬待遇即可

在企业经营环境中，与薪酬战略相匹配的影响因素主要包括宏观经济环境、产业环境和企业生命周期。

（1）宏观经济环境对薪酬战略选择的影响

宏观经济环境主要指国家宏观经济状况，如国内生产总值（GDP）增长率、消费者物价指数（CPI）、企业景气指数、失业率、人均可支配收入和社会福利状况，若人均可支配收入高、社会福利好、社会的经济运作环境很好，则企业盈利机会多，薪酬水平就会逐步提升。

（2）产业环境对薪酬战略选择的影响

产业环境主要包括企业所处产业的结构、竞争状况和利润水平。企业所处的产业不同，薪酬战略也不同。在制造业中员工的薪酬主要以工作时间或工作量为标准，薪酬支付结构以短期薪酬为主，薪酬制度缺乏弹性。而知识含量高的产业会自发地要求变革，薪酬决定标准倾向于技能和团队绩效，薪酬支付结构中有较大比重的长期激励、变动薪酬和非经济性报酬，由此要求薪酬制度必须具有弹性。

产业竞争越激烈，企业的生存压力越大，对业绩的重视就会高于竞争缓和的企业，薪酬决定标准注重业绩，薪酬支付结构重视短期激励和变动薪酬。

产业经济状况好，产业中员工的薪酬水平就会高于一般市场水平；反之亦然。

（3）企业生命周期与薪酬战略选择关系

企业生命周期分为初始期、成长期、成熟期和衰退期四个阶段。在不同的阶段，薪酬战略的需求不同，具体参见表7-3。

表7-3　不同企业生命周期的薪酬原则

成长期	主要特征	薪酬原则	备注
初始期	企业对资金需求量大，希望员工能与企业共担风雨、共享成果，业绩和薪酬挂钩	变动薪酬或长期激励	薪酬弹性大
成长期	企业管理逐渐规范，薪酬决定标准仍重视业绩和技能，但开始重视资历等要素	固定薪酬和短期薪酬日渐增加，长期薪酬和变动薪酬的比重有所下降	弹性+刚性并重

续表

成长期	主要特征	薪酬原则	备注
成熟期	企业具有大量的现金收入，企业文化基本成形，薪酬管理相对稳定和规范	高固定薪酬的激励作用比较显著，长期薪酬的比重有所下降，非经济性报酬逐渐受到重视	偏刚性
衰退期	企业的市场份额和盈利能力日渐衰退，员工人心不稳	薪酬决定标准以业绩薪酬和技能薪酬为主	偏弹性

制定有竞争力的、科学的薪酬战略，对于企业的成败至关重要。企业要制定好的薪酬战略，可以遵循以下六个步骤。

第1步：明确企业战略

企业首先应明确其宏观发展战略，进而据此指导薪酬战略的制定。

第2步：了解本企业的业务特点

企业在制定薪酬战略之前，要弄清本企业的业务特点，这样才能对症下药。

- 劳动密集型企业。劳动密集型企业的特点是工人数量众多、设备成本低、流水线标准化生产、产品具有同质性。因此，企业应当采用低薪酬战略，降低人工成本。但是，在具体实施过程中，要给两类工作人员提供高工资：一类是管理人员；另一类是销售人员。

- 资金密集型企业。资金密集型企业的特点是操作人员少、设备贵重、工作精度高。熟练专业的工作人员对企业而言十分重要，如果他们操纵设备的时候出现差错，就会给企业带来极大损失。因此，企业应当对稀缺人才采用高薪酬战略，而对其他不接触设备的配套人员可以给予低薪或者市场平均水平薪酬。

- 技术型或知识密集型企业。技术型或知识密集型企业，如会计师事务所、律师事务所、管理顾问公司、软件公司等，其员工都是知识工作者，每个岗位都相当重要，企业不但要采取高薪酬战略，还要采用其他办法（如合伙制、项目承包制等）以激励员工、留住员工。

第3步：掌握谁是你的竞争对手

在市场竞争中，企业必须清楚自己的竞争对手是谁，并弄清竞争对手的薪酬状况，据此制定本企业的薪酬战略。企业一方面可以主动出击，用高薪酬吸引竞争对手的人才；另一方面应对自己的薪酬水平严格保密，否则就会处于不利地位。

第4步：清楚哪些企业在同你争夺人才

企业只有清楚哪些企业在同自己争夺人才，或者说必须清楚哪些企业正在挖自己的"墙脚"，才能有针对性地制定薪酬战略，防止人才流失。

第5步：分析本企业的发展阶段

处于不同时期的企业必须据此制定适应不同发展阶段的薪酬战略。

第6步：盘点本企业的人力资源状况

企业必须明确自己缺乏哪些人才、哪些岗位急需人才，只有做到心中有数，才能为今后的人才调整打下基础。

2. 岗位设计与分析

薪酬的实质是企业对员工贡献的一种补偿，因此薪酬制定要全面考虑员工对企业的各种贡献，既包含员工所处的岗位本身对企业的价值，也包含该员工在该岗位上为企业创造的价值。

薪酬体系设立的原则是以岗位评价为基础，综合考虑其他因素，参考如下表。

表7-4 岗位设计与分析的五大步骤

设计步骤	主要工作	主要任务
第1步	岗位描述	依据公司组织结构，编制《岗位职责说明书》
第2步	岗位价值评估	选择岗位价值评价模型，进行岗位价值评估，初步建立"薪酬职级关系图"
第3步	薪酬水平定位	依据公司薪酬战略，不同职级人员制定不同的策略，根据薪酬调查数据，初步定义岗位薪酬水平
第4步	薪酬结构设计	按照不同岗位分为年薪制、结构工资制、提成工资制、协议工资制
第5步	薪酬系统的实施	根据员工岗位对薪酬定位

表 7-5　岗位职责说明书概要

关键要素	要素说明
职位标识	包括职位名称、任职者、上级职位名称、下级职位名称等
岗位描述	设置这一岗位的目的或者意义何在
岗位职责	职位所要承担的每一项工作责任的内容以及要达到的目的是什么
职责范围	本职位对财务数据、预算以及人员等的影响范围有多大
业绩衡量标准	应当用哪些指标与标准来衡量每一项工作责任的完成情况
任职资格要求	具备何种知识、技能、能力、经验条件的人能够承担这一职位的工作
岗位职责考核	岗位考核标准
特别规定	岗位职责说明书特殊规定

表 7-6　人力资源部经理岗位职责说明书

直接上级	
直接下级	
岗位描述	负责公司人力资源的管理
岗位职责	• 制定、修订与实施劳动人力资源管理规章制度 • 制订人力资源工作计划及实施方案 • 负责公司组织机构设置、定编定员及制定各单位基本职责工作 • 负责工资、奖金和失业、养老、医疗、工伤等社会保险的管理工作 • 负责干部管理和后备干部队伍建设工作 • 负责劳动合同管理工作 • 负责处理解决劳动争议工作 • 负责员工招聘、录用、奖惩、休息、休假等管理工作 • 负责公司内部和外部档案管理工作 • 负责应届生招聘管理工作 • 负责培训管理工作 • 负责人才引进管理工作 • 其他和人力资源相关管理事宜

续表

职责范围	公司范围内的人力资源管理
技能要求	• 丰富的人力资源管理经验 • 熟悉国家人事方面的法律法规 • 很强的团队管理能力、组织能力和沟通能力 • 一定的技术基础知识和专业知识 • 出色的领导、沟通及协调能力
任职资格要求	• 大学本科以上学历 • 五年以上相关工作经验 • 三年以上管理经验
岗位职责考核	按照公司《绩效管理制度》执行

在清晰描述岗位职责的基础上，要对岗位进行价值分析。常见方法有排序法、分类法等。

- 排序法：评价者对职位说明书进行审查，然后根据它们对公司的相对价值对其进行排队。排序法的优点是快速简单，缺点是评价的一致性难以保证，在公司职位数量太多的情况下难以使用。
- 分类法：通过界定职位等级来对一组职位进行描述。分类法最初是由美国联邦政府发明的，其主要特征是能够快速地对大量的职位进行评价，目前在很多公司中仍然有着广泛的运用，尤其是在存在技术类职位的组织中。

3. 薪酬结构设计

按照不同岗位分为：

- 年薪制：支付薪酬时以年作为计算单位，年薪总额为基本年薪、绩效年薪、风险年薪和福利的总和。一般而言，年薪制适用于对企业高层管理人员进行激励。
- 提成工资制：基本工资＋业绩提成，常见于销售人员的薪酬。
- 协议工资制：针对特殊人才的薪酬制度。

这里我们重点对常见的结构工资制进行阐述，如表7-7所示。

表 7-7　常见的结构工资制架构

薪酬分类	结构细分	备　注
工资	基本工资	可以根据学历来确定基本工资级别，通过学历工资引进企业期望的人才层次
	工龄工资	如果企业期望获得忠实的员工，就应提升工龄工资。如果希望员工的流动性较大，就应设立较低的工龄工资或者不设
	岗位工资	岗位工资体现了公司对不同岗位的倾斜，应该根据不同岗位对企业的影响力和贡献大小设立岗位工资
激励薪酬	绩效工资	把考核结果和薪酬挂钩，就产生了绩效薪酬。绩效薪酬取决于绩效考核导向，通过绩效考核体现企业的意图。与奖金相比，绩效薪酬可以更系统、更全面地体现企业的战略主张和意图
	业绩提成	提成一般以员工业绩（如销售额或销售量）为基数，乘以固定的百分比，所得数额即为奖励给员工的货币数额。以销售额为基数意味着鼓励员工努力增加销售额。如果提成是以销售量而不是以销售额为基数，则意味着企业鼓励员工多多促销，提高企业产品的市场占有率
	奖金	奖金是企业为了奖励有突出贡献的人而设立的。为了鼓励员工技术创新，可以设创新奖；为了鼓励员工节约，可以设节约奖。奖金体现了企业对员工的价值导向，也是塑造企业文化的重要方式之一
	分红	年终分红是常见的短期激励性方案，形象地说，就是企业的中高层管理人员承包企业的利润，即在规定时间内实现承包目标之后，按照预先约定分享获得的利润。企业的年终分红比例一般在 5%-15%，部分分红力度较大的企业可以达到 20% 左右。企业在对分红多少进行排序时，不能完全按照工资级别来排序，这样会把分红变成纯粹的工资补充，不利于调动员工的积极性，正确的做法是根据绩效考核的结果进行分红
	股权激励	针对上市公司，企业可以给予中高层管理人员在一定时间内以特定价格购买一定数量股份的权利，并在将来获利，这就是利用股票和期权对中高层管理人员进行长期激励的薪酬方案。虽然同为长期激励手段，但股票和期权在价值的认定和实现方面有所不同。一般而言，管理层持股应该用管理层的奖金购买，通过分红、股票兑现等方式实现持股人的收益。而期权往往是约定的股票价格和份额，通过市值差额实现

续表

薪酬分类	结构细分	备注
福利薪酬	社会保险	法律规定企业必须为员工缴纳社会保险，否则就是违法
	公司福利	包括补充商业保险、带薪休假等
	职务补贴	补贴也是企业福利薪酬的一种，是就企业员工的特定工作项目发放的非常设激励薪酬，如手机补贴、出差补贴、艰苦岗位的岗位补贴等。补贴视员工的具体情况而发放
	特殊福利	有针对性地发放福利，如给核心员工配车、付买房首期款等

上述薪酬结构，企业可根据实际情况来选择确定。

4. 薪酬调查分析

薪酬调查就是通过各种正常的手段，来获取相关企业各职务的薪酬水平及相关信息。

对薪酬调查的结果进行统计和分析，可以作为企业薪酬管理决策的有效依据。

（1）薪酬调查办法

- 网站搜索薪酬待遇信息：有些企业在网站发布招聘广告时，会写上薪金待遇，调查人员稍加留意就可以了解到这些信息。
- 面试员工时积累数据：面试员工时一般都能获取员工所在公司薪酬情况，这对于企业来讲是非常有价值的信息。
- 各地劳动局年度调研结果：各地劳动局会定期发布当年薪酬数据。
- 一些知名招聘网站发布的《薪酬调查报告》。
- 企业之间的相互调查：由于我国的薪酬调查系统和服务还没有完善，所以最可靠和最经济的薪酬调查渠道还是企业之间的相互调查。相关企业的人力资源管理部门可以采取联合调查的形式，共享相互之间的薪酬信息。
- 委托专业机构进行调查：目前在一些城市有提供薪酬调查的管理顾问公司或人才服务公司。通过这些专业机构调查可以减少人力资源部门的工作量，省去企业之间的协调费用。但需要向委托的专业机构支付一定的调查费用。
- 特殊方式调查。

（2）薪酬调查实施步骤

实施薪酬调查一般来讲应该分为 5 个步骤，它们是确定调查目的、确定调查范围、选择调查方式、整理和分析调查数据、调查数据定期维护和更新。

①确定调查目的

人力资源部门应该首先弄清楚调查的目的和调查结果的用途，再开始制订调查计划。一般而言，调查的结果可以为整体薪酬水平的调整、薪酬结果的调整、薪酬晋升政策的调整等工作提供参考和依据。

②确定调查范围

根据调查的目的，可以确定调查的范围，其主要涉及以下几个问题：

- 需要对哪些企业进行调查？
- 需要对哪些岗位进行调查？
- 需要调查该岗位的哪些内容？
- 调查的起止时间如何确定？

③选择调查方式

确定了调查的目的和调查范围，就可以选择调查的方式了。

首先可以考虑企业之间的相互调查。企业的人力资源部门可以与相关企业的人力资源部门进行联系，或者通过行业协会等机构进行联系，促成薪酬调查的开展。如果无法获得相关企业的支持，则可以考虑委托专业机构进行调查。

普遍采用的具体调查形式是问卷法和座谈法（也称面谈法）。如果采取问卷法要提前准备好调查表，如果采取座谈法要提前拟好相关问题的提纲。

④整理和分析调查数据

在调查之后，要对收集到的数据进行整理和分析。在整理中要注意将不同岗位和不同调查内容的信息进行分类，并且在整理的过程中要注意识别是否有错误的信息。最后要根据调查的目的，有针对性地对数据进行分析，形成最终的调查结果。

⑤调查数据定期维护和更新

确保薪酬职级定义的有效性。

> **小贴士**
>
> 随着市场经济的发展和人力资源市场的完善，人力资源的市场变动会越来越频繁，企业的薪酬水平也会随着企业的效益和市场中人力资源的供需状况发生变化。所以，薪酬调查的资料要随时注意更新，如果一直沿用以前的调查数据很可能会导致错误的判断。

5. 薪酬职级定义

首先要明确，建立薪酬职级的核心目的是规范职级、职等对应薪酬，职级和职等的定义需综合考虑工作年限、工作经验和资历，也应考虑个人职称、技能认证等综合因素。

薪酬职级定义的主要参考要素如表7-8所示。

表7-8 薪酬职级定义的主要参考要素

要素名称	定　义
岗位工作经验	这一要素用于衡量完成某项工作通常所需的工作经验。此要素假设长期的阅历可以弥补较低的学历
岗位专业知识	这一要素衡量工作岗位对其职能工作和相关活动在知识方面的要求，考虑要点如下： • 在某一项具体的工作中，具备单一或几项业务知识 • 对个人工作领域具有良好的专业知识，并掌握相关的操作程序；可以包括由正式培训或一定经验得来的操作能力 • 相当了解本职工作涉及领域的原理和概念，并具有相关专业的一般性工作知识和操作经验 • 熟练掌握一个以上专业领域的理论和实践，在某一特定领域内是公认的专家 • 任职者的专业知识被认为是导师级，并且其技术专长已得到企业以外的认可 • 任职者的专业知识属于专家级，得到国内外专家认可

续表

要素名称	定 义
岗位复杂程度	这一要素用于衡量创造性、判断力、个人行为的多样性及复杂程度。它也衡量在决策时所得到的指导的多少及决策的审批过程。考虑要点分类如下： • 常规及重复性的工作 • 常规但具有多样性的工作 • 有适度变化且复杂的工作 • 有较多变化且较复杂的工作 • 有大量变化且相互间无联系的复杂工作 • 涉及发展与创造性的深层工作
岗位影响	这一要素通过衡量与工作岗位相关的综合责任判断该岗位对整体业务的影响程度。本要素只评判工作岗位影响整体业务的方式，考虑要点分类如下： • 影响仅涉及本职岗位 • 对其他一个或多个密切相关的工作产生重要影响 • 对同一业务单元的全部业务产生影响；对业务群的非主要职能产生影响 • 对同一业务单元的全部业务产生重要影响；对业务群的非主要职能产生重要影响 • 对多个业务单元的全部业务产生影响；对业务群的某项主要职能或对公司的非主要职能产生影响 • 对一个业务群的全部业务或公司某项主要职能产生重要影响 • 对公司全部业务产生重要影响

实际制定薪酬职级表过程中，应先定义职级，再定义职等。

【职级定义】

- A 级：职场上入门的人员（1—2 年内），如助理类，或者转行后 1 年内的；
- B 级：在技术或管理领域从事基层相关工作；
- C 级：在专业领域某个功能模块中能独当一面；
- D 级：经验丰富的骨干；
- E 级：在某个领域拥有核心技术或管理才能；
- F 级：在技术、管理等领域达到业界领先的专家级水平；

- G级：公司领导级别。

【职等定义】

- 1：即初等（预备等）：在某个职级刚工作不久或刚进入某个职级1年以内；
- 2：即中等（普通等）：进入某个职级1—2年以内；
- 3：即高等（基础等）：进入某个职级2—3年以内。

按照上述职级和职等定义后，可以制定如表7-9所示的《职级职等薪酬表》。

表7-9　职级职等薪酬表

职级	职等	管理类	销售类	研发类	工程类	薪酬范围
A	1					
	2					
	3					
B	1					
	2					
	3					
C	1					
	2					
	3					
D	1					
	2					
	3					
E	1					
	2					
	3					
F	1					
	2					
	3					

续表

职级	职等	管理类	销售类	研发类	工程类	薪酬范围
G	1					
	2					
	3					

实际应用这个表的过程：

1. 员工招聘。必须定义薪酬职等，如 C2、D4 等。同时，应定义薪酬范围，这样可确保从招聘根源上选择适合公司薪酬体系的员工，从源头上防止薪酬体系混乱。

2. 薪酬调整。必须体现薪酬职等的定义，如从"×级×等"调整到"×级×等"，调整幅度要与绩效挂钩。

3. 异动管理。员工职位发生变化，对应薪酬职等的变化。

当然，这个表格还需要根据影响薪酬的若干因素及时调整并维护，确保其有效性。

6. 薪酬执行与动态调整

根据建立起的薪酬体系进行执行，并根据执行情况及时进行动态调整。

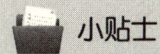

> **小贴士**
>
> 薪酬体系建立起来后，应密切关注薪酬日常管理中存在的问题，及时调整公司的薪酬策略，调整薪酬水平、薪酬结构以及薪酬构成，以实现兼顾效率和公平的薪酬目标，从而保证公司发展战略的实现。

五、薪酬影响要素

薪酬制度执行中需要及时动态调整，关键原因是影响薪酬的因素有很多。

1. 影响薪酬的外部因素

- 宏观经济环境：如 GDP（国内生产总值）、CPI（居民消费价格指数）、房价以及租金等；
- 所处的行业：如什么行业受政府支持、国家税收政策变化等；
- 劳动力市场结构：如青老年比例、人口老龄化趋势；
- 地区及行业差别：公司所处行业是朝阳产业还是夕阳产业等；
- 劳动力市场的供求关系：哪些人才饱和、哪些人才供求平衡、哪些人才稀缺；
- 与薪酬相关的法律法规（最低工资标准）；
- 劳动力市场价格水平。

2. 影响薪酬的内部因素

- 企业负担能力：企业要根据盈利情况确定承担能力；
- 企业经营状况：企业是盈利还是亏损；
- 企业所处的周期阶段：企业是处于成长期、成熟期还是衰退期；
- 竞争对手：如竞争对手的市场战略、成长速度、人才策略等；
- 薪酬政策：企业的薪酬策略是领先策略、跟随策略还是差异化策略；
- 人才价值观：企业对不同人才的价值观和对人才的重视程度。

3. 岗位薪酬调整影响因素

薪酬=F（岗位、技能、绩效、市场供求……），如表7-10所示。

表7-10 岗位薪酬调整影响因素

薪酬关联要素	关联关系
岗位	不同岗位重要程度不同，岗位价值不同
技能	员工拥有的不同技能获得的代价不同，身价不同
绩效	员工绩效表现不同，薪酬也在调整
人才稀缺性	人才稀缺性决定人才身价，在严重失衡的情况下，已有的薪酬职级失效

影响薪酬外部、内部和岗位等各方面的因素说明，薪酬职级必须保持动态调整以确保其与公司薪酬管理的适应性。

六、薪酬管理

为了加强薪酬管理的科学性与有效性，在薪酬管理的实际工作中需要落实一些事项。

1. 成立薪酬管理委员会

公司薪酬领导小组为员工薪酬管理的最高决策机构，由公司总经理、副总经理、人力资源部门负责人及业务部门经理组成，主要职责如下：

- 负责审议确定公司薪酬战略和薪酬管理方针；
- 负责审核确认薪酬总量管理方案以及年度绩效工资激励方案；
- 负责审核确认公司战略决策层人员的薪酬标准和发放形式；
- 负责审批处理公司的薪酬政策和管理制度规定之外的特殊或重大薪酬事项。

2. 人力资源部薪酬管理职责

- 拟定薪酬结构和薪酬管理制度，报薪酬领导小组批准；
- 收集各部门提出的薪酬调整方案，报薪酬领导小组审核；
- 协助用人部门确定新入职员工的薪酬初核标准；
- 协助组织岗位价值评定，确定岗位薪酬标准；
- 根据岗位薪酬标准和绩效考核结果计算员工薪酬；
- 薪酬调查工作的落实；
- 协助处理员工薪酬申诉。

3. 落实薪酬保密制度

- 规范薪酬保密制度是为了防止员工在薪酬上互相攀比，从而影响其工作状态；

- 员工薪资情况为公司机密，全体员工都有责任保守薪资秘密，对于泄密现象要根据公司《劳动纪律管理制度》严格给予处理；
- 各级员工查询本人薪资情况均应到人力资源部进行，否则公司将给予一定处分；
- 有关薪资文件、档案由专人管理与传递；
- 财务部门指定专人负责薪资表的制定与薪资发放工作；
- 各部门负责人有权查询本部门人员的薪资情况。

> **小贴士**
>
> 在人力管理实践中，泄露薪酬机密的事情时有发生。薪酬泄密会造成部分员工心理不平衡、工作上消极怠工等后果，薪酬保密制度要纳入企业保密管理制度和劳动纪律管理制度。

七、经典案例

薪酬既复杂又重要，因而企业在管理上往往会存在各种问题。从下面的案例中，可以看到一些企业常犯的典型的薪酬管理错误。

典型案例 8　公司薪酬职级的有效性

【案情介绍】周某是北京某 IT 企业的工程师，月工资 8000 元，该员工技术水平非常高，考虑到公司曾经为他解决过北京户口，该员工非常敬业勤奋，工作业绩突出，被外部竞争对手盯上过多次。某日，该员工得知公司新来的员工虽然技术远不如他，但薪酬待遇却比他要高。此外，他还了解到竞争对手公司中技术水平和他差不多的员工月薪高达 15000 元，周某感觉自己的待遇太低而向公司提出调薪申请。

人力资源部根据公司多年前制定的《薪酬管理制度》中"薪酬职级"的规定"员工调薪一次不能超过 3 等，每等 200 元"，给周某调薪 600 元。周某感到公司极不真诚，觉得个人尊严和价值受到了侮辱而毅然辞职。

周某辞职后，又有一大批核心骨干陆续离职，很多员工都去了竞争对手的公司。

本案例中，有2个问题需要讨论：

1. 人力资源部《薪酬管理制度》规定"员工调薪一次不能超过3等"是否合理？

2. 人力资源部制定薪酬职等存在哪些问题？

【案例分析】公司按照《薪酬管理制度》的规定来调薪，导致与市场脱节，这是薪酬管理中最大的问题，核心原因在于：

1. 公司市场薪酬调查工作不力

在上面的案例中，这种外部的不公平导致公司薪酬没有竞争力。

2. 缺乏良好的薪酬提升机制

员工的薪酬不能和业绩挂钩，没有考核，就会造成企业内部的不公平。内部不公平是周某离职的直接原因。

3. 薪酬反应机制迟钝

在核心员工持续离职前，公司要有足够的薪酬预警机制，不能照搬原来的薪酬职级不放而生搬硬套。薪酬调整要有针对性和灵活性，否则任何机械的调薪都可能导致管理问题。

此外，很多公司薪酬待遇缺乏激励性，没有激励性就意味着干多干少一个样。如果做好做坏都一样，那么员工不会选择做到最好，毕竟想要成为好员工就要付出一定代价，可能牺牲时间、亲情，有时甚至是健康。当员工发现努力之后收入没有相应增加时，就不会再继续努力了……这样下去，最终吃亏的是公司。

典型案例9　如何处理薪酬公平和矛盾性

【案情介绍】某企业在进行岗位评估时，根据公司所处行业等要素，对技术总监岗位分析的结果是薪酬10000元，而薪酬调查结果显示，该岗位的合理薪酬是15000元。面对这两个差别较大的结果，企业茫然了，不知何去何从。

当岗位评估与薪酬调查不符甚至差异很大时，该如何处理？

【案例分析】1. 薪酬要强调外部公平性：如果该岗位是企业的核心岗位，人才薪酬竞争中不允许有任何闪失（如出现"员工因为薪酬而离职"的现象），当薪酬调查的薪水高于岗位评估的薪水时，就要以外部公平性为准。

2. 薪酬要强调内部公平性：如果涉及的是普通员工，企业就要以内部公平性为主，这样才能安抚大多数员工，有利于创建良好的企业文化。

3. 薪酬必须以市场为主要导向：薪酬的本质是价值交换，薪酬制必须符合市场规律，所以多数情况下应以市场为主要导向。

八、管理风险

表 7-11 薪酬管理中的风险防范

风险描述	发生概率	主要防范措施
薪酬调整缺乏规范	大	公司内明文规定的规范，员工要签字认可，下调或上调薪酬就会有章可循
缺少明确的薪酬职级	大	薪酬要从招聘开始就有明确的规定，有了规范的薪酬职级，公司薪酬管理体系才不会混乱
薪酬职级管理过于僵化	大	薪酬职级必须在实际工作中不断积累和调整，不然就会脱离实际，要在综合考虑CPI、员工生活成本等要素的基础上随时调整薪酬，维持薪酬职级的客观性和可操作性
缺乏适宜有效的薪酬策略	大	公司必须考虑薪酬承受能力，针对不同类型的员工如何调整薪酬；要认真考虑公司薪酬策略，对于不同人员采用不同的薪酬策略
缺乏考核基础，激励效果有限	大	薪酬必须和绩效考评结果挂钩，可采取浮动薪酬及时激励的模式来推动绩效考核的实施
只重视物质报酬	大	薪酬不是万能的，要高度重视非物质激励的作用，物质激励和非物质激励互相配合

第七章 薪酬管理

> **小贴士**
>
> 薪酬管理是企业人力资源管理的核心模块,笔者专著《老 HRD 手把手教你做薪酬》对薪酬架构、薪酬模式、薪酬结构、薪酬职级表设计、宽带薪酬、薪酬管理艺术(加薪和降薪等)、企业高管薪酬设计以及薪酬成本控制等做了深刻的阐述,并分享了很多薪酬管理经典案例。

第八章

社会保险与福利管理

本章导读

- 福利设计有哪些主要原则?
- HR 常说的五险一金有哪些?
- 工资总额与缴费基数有何关系?
- 领取退休金需要什么条件?
- 选择定点医院要注意什么?
- 工伤保险报销范围有哪些?
- 领取失业保险有哪些条件?
- 生育保险报销范围是什么?
- 支取公积金的条件有哪些?
- 福利管理有哪些常见风险?

根据《劳动法》的规定，用人单位和劳动者必须依法参加社会保险，缴纳社会保险费。

福利管理是指选择福利项目、确定福利标准、制定各种福利发放明细表等福利方面的管理工作。良好高效的福利管理有利于企业获得社会声望，增强员工信任感和归属感。

一、管理目标

目标1	制定符合公司发展战略的福利体系
目标2	社会保险管理要符合国家法律规定
目标3	维护福利管理政策统一性和连贯性

图8-1　社会保险与福利管理的三大目标

二、福利概念

企业的福利一般分为：

- 经济性福利。例如，交通补助、通信补助、午餐费补助，以及其他津贴或补贴。
- 非经济性福利。例如，良好的工作环境等。

在企业管理实践中，福利设计原则的确定必须充分考虑以下因素：

- 提高福利的针对性和有效性，提升公司薪酬福利的吸引力；
- 根据员工的需要和企业特点创设多样化的福利项目；
- 提升福利的激励作用，可以将一些福利项目与员工业绩相联系。

三、五险一金

1. 五险一金的概念

"五险"讲的是五种保险，包括养老保险、医疗保险、工伤保险、失业保险和生育保险，"一金"指的是住房公积金。

（1）养老保险

养老保险是国家为解决劳动者在达到国家规定的解除劳动义务的劳动年龄界限后，或因年老丧失劳动能力退出劳动岗位后的基本生活，而建立的一种社会保险制度。

第一，领取退休金的条件。

一是达到国家规定的退休条件并办理相关手续的；二是按规定缴纳基本养老保险费累计缴费年限满 15 年的。

第二，养老保险可支取死亡待遇。

养老保险除了可支取被保险人的基本养老金，还可支取死亡待遇，主要包括丧葬费、一次性抚恤费及符合供养条件的直系亲属的生活困难补助费。其中，生活困难补助费按月发放直至供养直系亲属死亡。

第三，退休年龄问题。

国家法定的企业职工退休年龄是：男职工年满 60 周岁；女干部年满 55 周岁，女工人年满 50 周岁。

（2）医疗保险

医疗保险是国家通过立法的形式确定的当法定范围内的社会成员患病时为其提供医疗费用帮助的社会保险。

第一，门诊、急诊就医须知（以北京为例）。

- 门诊、急诊可在本人选定的医院就医，也可到北京市定点专科医院、定点中医医院、A类医院、社区卫生机构就医。
- 与医院用现金结算时须保留医疗费用票据。
- 到定点药店购药时，定点医院须在处方上加盖"外购章"。
- 处方、收据及药品明细单须妥善保存千万不可丢失。

门诊、急诊报销标准（以北京为例）

- 在职人员：一个年度内门诊、急诊医疗费用累计超过1800元的部分，在定点社区卫生服务机构就医按照90%实时结算，其他定点医院按照70%实时结算。自2023年1月1日起，参保人员一个年度内发生的符合本市基本医疗保险支付规定的门（急）诊医疗费用，在最高支付限额2万元以上的，由大额医疗费用互助资金支付60%，上不封顶（京医保发〔2022〕28号）。
- 退休人员：一个年度内门诊、急诊医疗费用累计超过1300元的部分，不满70周岁的退休人员在定点社区卫生服务机构就医按照90%实时结算，其他定点医院按照85%实时结算；70周岁以上的退休人员在定点社区卫生服务机构就医按照90%实时结算，其他定点医院按照90%实时结算。在最高支付限额2万元以上的，由大额医疗费用互助资金支付80%，上不封顶。

第二，住院须知（以北京为例）。

- 可在本人选定定点医院就医，也可到北京市定点专科医院、定点中医医院、A类医院、社区卫生机构就医。
- 持社保卡到住院处办理住院手续，同时按医院规定交纳一定的预付款（用于支付起付线、自费及自付费用）。
- 出院时，个人与医院直接结账，属个人应承担医疗费用的由个人与医院结清，属医疗保险支付的费用由医保实时结算。

住院报销标准（以北京为例）

- 一个年度内第一次住院的起付标准为1300元，第二次及以后住院的起付标准为650元。
- 自2020年1月1日起本市城镇职工基本医疗保险参保人员，享受上一年度城镇职工基本医疗保险待遇后，基本医疗保险政策范围内个人自付医疗费用，扣除单位补充医疗保险和社会救助对象医疗救助金额后，超过起付标准（为城乡居民大病保险起付标准的1.3倍）的部分，纳入城镇职工大病医疗保障范围。起付标准以上（不含）部分累加5万元（含）以内的个人自付医疗费用，由城镇职工大额医疗互助资金支付60%；超过5万元（不含）的个人自付医疗费用，由城镇职工大额医疗互助资金支付70%，上不封顶。城镇职工大病医疗保障一个年度结算一次（京医保发〔2020〕20号）。自2022年度起，城镇职工大病医疗保障起付标准与城乡居民大病保险起付标准一致，调整为30404元（京医保发〔2022〕28号）。

- 不同级别医院的报销比例（见表8-1）

表8-1　职工基本医疗保险住院待遇标准（以北京为例）

参保人员类别	起付线	报销比例			
^	^	医疗费用金额段	一级医院	二级医院	三级医院
在职	本年度第一次住院1300元，第二次及以后每次650元	1300元—3万元	90.00%	87.00%	85.00%
在职	^	3万元—4万元	95.00%	92.00%	90.00%
在职	^	4万元—10万元	97.00%	97.00%	95.00%
在职	^	10万元—50万元	85.00%		
退休	^	1300元—3万元	97.00%	96.10%	95.50%
退休	^	3万元—4万元	98.50%	97.60%	97.00%
退休	^	4万元—10万元	99.10%	99.10%	98.50%
退休	^	10万元—50万元	90%		

> **小贴士**
>
> 选择定点医院不仅需要考虑各级医院的报销比例，还需要结合商业保险来确定。例如，有些商业医疗保险规定，必须选择二级以上医院的商业保险才给予报销。

（3）工伤保险

工伤保险指劳动者因负伤或职业病暂时失去劳动能力后从国家和社会获得补偿的制度。

第一，工伤的概念。

工伤主要包括：

- 在工作时间和工作场所内，因工作原因受到事故伤害的；
- 工作时间前后在工作场所内从事与工作有关的预备性或者收尾性工作而受到伤害的；
- 在工作时间和工作场所内，因履行工作职责而受到暴力等意外伤害的；
- 患职业病的；
- 因工外出期间由于工作原因受到伤害或者发生事故下落不明的；
- 在上下班途中，受到机动车事故伤害的；
- 法律、行政法规规定应当认定为工伤的其他情形。

视同工伤：在工作时间和工作岗位，突发疾病死亡或者在48小时之内经抢救无效死亡的；在抢险救灾等维护国家利益、公共利益的活动中受到伤害的；职工原在军队服役，因战、因公负伤致残，已取得革命伤残军人证，到用人单位后旧伤复发的。

不得认定为工伤或者视同工伤：因犯罪或者违反治安管理法规而伤亡的；醉酒导致伤亡的；自残或者自杀的。

第二，工伤保险报销范围。

主要包括工伤医疗费、一级至四级工伤人员伤残津贴、一次性伤残补助金、生活护理费、丧葬补助金、供养亲属抚恤金、一次性工亡补助金、辅助器具费、工伤康复费、工伤职工劳动能力鉴定费用。

（4）失业保险

失业保险指对那些由于非本人意愿（如企业辞退员工等）而失去工作的劳动者给予物质补偿的法定制度。

第一，领取失业保险的条件。

- 按照规定参加失业保险，单位和本人按规定缴费满一年以上的；
- 在法定劳动年龄内非因本人意愿而中断就业的；
- 已按规定办理失业和求职登记的。

第二，失业金领取月份的规定。

累计交纳失业保险满一年不足两年的，可以领取三个月的失业金；满两年不足三年的可领取六个月的失业金；依此类推，最长不超过24个月，即两年时间。

第三，失业金领取时限。

相关手续需要自解除劳动关系之日起60天内办理有效。

【特别提示】手续包括失业证、解除劳动关系证明、失业登记、身份证等。

（5）生育保险

生育保险是对女性劳动者因生育期间中止劳动失去工资所给予补偿的制度，生育保险由以下几部分组成：

- 产假：女性职工在分娩前、后所享受的有薪假期。
- 生育津贴：女性职工生育后离开工作岗位，不再从事有报酬的工作以致收入中断，因而及时给予其定期的现金补助，以维护和保障妇女及婴儿的正常生活。
- 生育医疗：由医院、医生或助产士为女性职工提供的妊娠、分娩和产后的医疗照顾以及必需的住院治疗。
- 计划生育手术费：放置（取出）宫内节育器、人工流产术、药物流产、引产术、绝育及复通手术所需费用。

（6）住房公积金

根据国务院《住房公积金管理条例》规定，住房公积金是指国家机关、国有企业、城镇集体企业、外商投资企业、城镇私营企业及其他城镇企业、事业单位、民办非企业单位、社会团体及其在职职工缴存的长期住房储金。

公积金制度实际上是一种住房保障制度,是住房分配货币化的一种形式。单位为职工缴存的住房公积金是职工工资的组成部分,为职工缴存住房公积金是单位的义务,享受住房公积金政策是职工的合法权利。

第一,支取公积金的条件。

住房公积金缴存人出现下列情况之一的可以提取职工住房公积金账户内存储余额:

- 购买、建造、翻建以及大修自住住房的;
- 离休和退休的;
- 完全丧失劳动能力,并与单位终止劳动关系的;
- 户口迁出所在的市、县或者出境定居的;
- 偿还购房贷款本息的;
- 员工租房的,有正规租房合同等手续,在部分城市可以提取公积金。

第二,住房公积金提取。

- 首次提取(主买房人):需要提供购房合同及发票、房产证原件和复印件、提取人的身份证原件及复印件、本人开户的银行卡号码或存折号码,还需提供配偶单位名称、单位公积金编号及个人编号。如果购买二手房则需提供房产证、契税完税凭证原件及复印件。
- 首次提取(非主买房人):需要提供购房合同及发票、房产证原件和复印件、提取人的身份证原件及复印件、本人开户的银行卡号码或存折号码等。
- 约定(按月)提取住房公积金:只需提供本人身份证复印件及银行卡号,以后每月将自动由公积金账户转入个人储蓄账户。

以北京市为例,可通过"北京住房公积金管理中心"网站或者"北京住房公积金"APP办理。

第三,公积金查询。

可登录当地住房公积金管理中心网站进行查询。

2. 五险一金缴纳

需要特别注意的是,员工试用期内也应该享受保险,因为试用期是劳动合同的一个组成部分。根据《中华人民共和国社会保险法》(以下简称《社会保险法》),企业给员工上保险是法定义务,不取决于当事人的意思或自愿与否,即使员工表示不需要交保险也不行,而且商业保险不能替代社会保险。

> **小贴士**
>
> 企业是否及时给员工缴纳社保,不仅仅涉及员工当前和退休后的福利,社保是否连续缴纳还和员工一些相关享受社会福利的资格有关。例如,有些城市规定,对于外地员工社保必须连续缴纳多少年才能买房买车,所以人力资源管理者要特别注意防止员工社保缴纳断档,对于新入职的归属上家公司应该缴纳的,要进行善意提示。
>
> 企业是否及时给员工缴纳公积金与员工是否享受公积金贷款资格密切相关。众所周知,公积金贷款一般比商业贷款能享受更多利率优惠,但是很多地区诸如北京等,对于公积金贷款有明确的立户期限和缴纳月份的规定。如果不符合条件,可能导致员工无法享受公积金贷款。

四、企业特色福利

企业特色福利主要包括但不限于以下类型,如表 8-2 所示。

表 8-2 企业特色福利类型及用途

企业福利	主要用途
商业保险	社保报销的有机补充(门诊急诊医疗保险金、补充住院医疗保险金),此外,还有人身意外险(意外身故、意外残疾)等
员工生日	每月为员工过生日,发放生日红包等
公司年假	在国家法定节假日基础上提供额外的假期,诸如春节放假;有的公司放假 15—20 天,就是很有吸引力的福利
年度体检	每年为员工体检,保障员工身体健康。一般按照员工年龄规划不同体检项目,如年龄超过 40 岁检查项目更细致
交通补贴	员工上班途中的交通补贴

续表

企业福利	主要用途
法定节假日福利	如中秋节发月饼、端午节发粽子等
关爱老人	例如,有的公司给员工发放关爱父母的福利金,并直接打入员工父母的银行账户,作为员工孝顺父母的基金
无息借款	为员工买房买车提供无息借款
员工休息区	专门的午休区域,免费提供咖啡和茶点等
教育培训补助	鼓励员工参加培训和学习,对于教育培训给予一定比例的补助

> **小贴士**
>
> 企业的特色福利已经逐渐构成企业的核心竞争力和凝聚力的源泉。例如,春节放假,有的企业严格按照国家法定节假日规定,而有的企业在国家法定节假日基础上增加3-7天就显得更加人性化,这种特色福利无形中会提升该企业在业界的美誉度和人才吸引力。

五、管理风险

表8-3 社会保险与福利管理中的风险防范

风险描述	发生概率	主要防范措施
福利缺乏透明公正性	中	福利制度作为公司管理的一项制度公开透明,不能遮遮掩掩、厚此薄彼,必须规范每个职级对应的福利并保证光明正大、公开透明
福利政策缺乏连贯性	中	作为公司制度公开,福利发生变更必须组织各个部门进行评审,确保福利管理连续性
五险一金断档风险	中	新员工入职,在职期间容易发生断档现象,为此社保和公积金增减员环节要特别注意
社会保险缴纳违反法律	中	如社保缴费不足额等,要防止社会保险缴纳违反《社会保险法》,给公司造成严重经济损失

第九章

培训管理

本章导读

- 企业培训核心目标是什么?
- 企业培训有哪些常见类型?
- 企业内训和外训如何结合?
- 员工培训需求如何去调查?
- 年度培训计划如何来制订?
- 培训效果如何调查才有效?
- 如何签订有效的培训协议?
- 培训管理有哪些常见风险?

培训管理是人力资源结合企业人力资源规划和人力资源开发的总体要求，从培训需求分析入手，通过制订有效的培训计划并监督实施，通过有效的培训效果评估、总结和反馈，确保企业培训目标的实现过程。

一、管理目标

目标1　不断提升员工素质，为公司战略实现提供支持

目标2　加强公司知识共享，让员工与企业共同成长

目标3　建立科学、有效、规范的人才培养管理体系

图9-1　培训管理的三大目标

二、培训模式

表9-1　不同培训模式的优缺点对比

培训模式	优　点	缺　点	选择准则
外训	知识技能领先	如果盲目选择会导致知识转化率低	要清晰知道整个公司真正缺少哪些技能
内训	经济实用且相对有针对性，培训方式灵活多样	知识面有一定局限性	是技能共享的最好途径，实现"传帮带"的经济方式

> **小贴士**
>
> 　　培训要和公司人才培养战略相结合：很多企业人力资源部每年都做《年度培训计划》，一些 HR 喜欢从网上收集热门课程，从社会上专业的培训机构获得课程信息，为了培训而培训，总以为"外来的和尚会念经"，外来的培训更能体现培训业绩。
>
> 　　而实际上，人力资源应该将精力更多地放在内部培训需求调研上，明确公司当年业务发展重点。重点要调研公司为确保经营目标的实现，现有员工需要补充和强化哪些知识和技能，需要提升哪些素质和能力，同时发现制约公司发展人才素质的"瓶颈"，及时提出有效的人才选拔和培养方案。
>
> 　　这些看似很浅显的道理许多 HR 却经常犯错，原因就在于其总是倾向于从本专业的角度，脱离企业来看待问题，一味追求规范化、标准化，结果是制度制定得很多，表格制作了若干，最终却难免陷入"为做事而做事"的状况，使人力资源管理工作与企业的实际需求脱节，这自然无法得到企业领导和各级经理的认同。

三、培训流程

1. 培训计划制订

（1）需求调查

　　人力资源部根据本年度工作情况、公司下一年度经营计划以及下一年度部门规划，在每年年底之前开展人力资源培训需求调查，各部门结合本部门实际，提出本部门需要的培训以及本部门能够给公司员工提供的培训，填写《年度培训需求调查表》提交人力资源部，如表 9-2 所示。

表 9-2　年度培训需求调查表

员工姓名		所在部门	
在岗位专业技能内部培训需求			
希望引入的外部培训课程			
公司管理制度培训			
其他培训需求			

> **小贴士**
>
> 内部培训是建立有效"传帮带"的最佳途径,要特别组织好经理和核心骨干对员工的培训,这样不仅可以为企业节约培训费用,而且具有针对性的培训也可以达到内部培养员工的目的,更是提升企业核心竞争力的有效举措,可谓一举多得。

(2)制订年度培训计划

人力资源部根据公司各部门对培训的需求及年度培训预算,制订下一年度的《公司年度培训计划表》(如表 9-3 所示),经人力资源部经理核批后,报总经理批准生效。

【特别提示】外部培训经费的需求要非常明确地提出来,纳入人力资源年度预算。

表 9-3 公司年度培训计划表

制定部门			培训负责人				
培训类别	计划安排月份	课程名称	培训目标	讲师/负责人	参训对象	经费预算
岗位专业技能内部培训需求						
希望引入的外部培训课程						
公司管理制度培训						
新员工入职培训						
其他培训需求						
审批栏						

（3）培训计划维护

《公司年度培训计划表》应在年中根据培训实施情况及部门培训需求变更情况予以修订，培训计划的修订工作由人力资源部负责组织，各部门的主管、分管副总负责提出修订方案，报总经理批准生效。

（4）临时培训需求

各部门有临时培训需求时，填写《培训申请表》，经部门主管领导和人力资源部经理审核后，报总经理批准，人力资源部方可组织实施。

2. 培训组织流程

根据年度培训计划中的各培训模块，人力资源部按季度组织和安排培训的各承办部门及讲师，落实培训内容及培训大纲与课件、培训的时间，并对每次具体的培训做出详细的计划安排，经签批后，组织实施。

外部培训将由人力资源部提前选择培训机构和课程提供给相关部门，由相关部门做出决定并上报主管领导和总经理审批。

每次培训都需要学员在《培训签到表》上签字备案。

3. 培训效果分析

培训承办部门对参训人员的培训效果进行考核，根据培训内容的不同采用不同的考核方式，如出题测试等形式。受训人员需填写《培训效果调查表》，如表9-4所示。

表9-4 培训效果调查表

受训员工姓名		所在部门	
培训日期		培训时长	
提供培训部门		主讲教师	
培训类别			
培训课程名称			
主要讲解内容			
对培训课程的综合评价	课程和本职工作关联程度： □有密切关系　□部分有关系　□没有关系，只是想了解 培训教材（讲课内容条理性和清晰性）： □非常好　□比较好　□一般　□比较差 □特别差，需要改善环节：_____ 讲课水平（讲课内容条理性和清晰性）： □非常好　□比较好　□一般　□比较差 □特别差，需要改善环节：_____		

续表

培训总评分 （满分100分）	
培训效果调查 （必须如实填写）	课程内容掌握程度： □完全掌握 □部分掌握，尚未掌握内容：_____ _____ _____ □没有掌握（公司要求必须再次参加培训） 是否希望再次参加培训： □希望公司能给本人再安排一次这样的培训 □没有掌握内容个人可自学，不需要再次安排培训 □将直接和讲师交流直到学会为止，不需要再安排培训
其他意见 或建议	

【培训案例】培训调查得分越高就越好吗？

人力资源部组织公司劳动纪律管理制度培训，公司人力资源部经理负责讲解，要求所有员工都要参加培训。会后人力资源部调查反馈表明，平均得分50分，人力资源部经理很郁闷，认为自己辛辛苦苦组织的培训效果太差。

其实，培训分为正向培训和逆向培训。其中，逆向培训就是处罚制度宣传类的培训，接受这类培训的员工打分一般都不高，原因在于站的角度不同，员工本质上不喜欢这种培训，而喜欢能给他们带来利益的培训。逆向的培训一般没必要做培训调查，即使调查分析，也要明白，打分越低就证明实际效果越好。

此外，诸如薪酬满意度调查也一样，估计很多员工都不满意，如果员工都写满意反倒不正常。

培训的组织部门负责对本次培训的效果进行总结分析，填写《培训总结》，如表9-5所示。

表 9-5　培训总结

培训承办部门		培训组织部门	
课程名称		受训人员姓名	
课程日期		培训师	
调查内容	调查项目	调查结果	
	课程内容是否满足培训需求	□良好　□一般　□较差	
	讲师水平（专业知识和技巧）	□良好　□一般　□较差	
	学员参与的程度	□良好　□一般　□较差	
	培训组织情况（场地和餐饮等）	□良好　□一般　□较差	
	……	□良好　□一般　□较差	
培训收获			
培训不足之处			

4. 培训档案管理

人力资源部负责员工培训档案的建立，填写《公司培训记录》和《员工培训记录》，包括培训的内容、时间、效果和考核成绩以及培训费用和获得证书的情况等。

> **小贴士**
>
> 培训档案是分析员工岗位胜任力的重要参考信息，员工接受过哪些培训、个人素质和技能有哪些短板，这些也是人力资源未来制订培训和人才培养计划的基础数据。

四、培训协议

根据《劳动合同法》第 22 条第 1 款规定：用人单位为劳动者提供专项培训费用，对其进行专业技术培训的，可以与该劳动者订立《员工培训协议书》，约定服务期，如表 9-6 所示。

表 9-6　员工培训协议书

受训员工		身份证号	
课程名称		培训日期	
培训机构			
协议要点		甲方：用人单位 乙方：受训员工 1. 培训费用 ● 所有与该项目有关的直接培训费用（包括培训费、教材资料费、证书费等）由甲方全额支付，累计　　　元（大写为人民币　　　）。 ● 受训员工学习时间计入工作时间之内，按连续工龄累计。 ● 乙方若培训不合格而未能取得相应的证书，甲方先行支付的培训费由乙方随后补偿给甲方。 ● 若由于乙方原因数次培训未合格者，其间因补考而发生的培训费及相关的考试费、资料费，甲方可替乙方先行垫付，后乙方须补偿给甲方。 2. 培训管理 ● 受训员工应自觉遵守培训方的各项规定与要求。 ● 乙方须遵守公司劳动纪律和人事管理等各项规章制度。乙方严重违反公司制度的，甲方有权解除本协议并要求乙方赔偿培训费用。 ● 乙方须遵守甲方制定的培训管理制度，乙方严重违反培训管理制度的，甲方有权解除本协议并要求乙方赔偿全部培训费用。 ● 培训结束后，乙方应为甲方服务满　　　年（自　　　年　　　月　　　日至　　　年　　　月　　　日，累计　　　月），乙方服务不满此年限的，按照未服务月数占应该服务月数的比例来支付培训费用。 3. 其他约定 ● 本协议一式两份，具有同等法律效力。 ● 本协议自签字之日起生效。
双方确认		企业（盖章）：　　　　　　　受训员工（签字/日期）：

> **小贴士**
>
> 　　培训协议是留住核心人才的一项举措，从一定意义上来讲，培训也是企业给这些人才的福利。但必须注意的是，违约金的数额不得超过公司提供的培训费用，即公司要求劳动者支付的违约金不得超过服务期尚未履行部分所应分摊的培训费用。

五、管理风险

表9–7　培训管理中的风险防范

风险描述	发生概率	主要防范措施
重视外训不重视内训	大	内部培训和外部培训同样非常重要，有些培训不见得"外来的和尚会念经"，要充分挖掘内部培训的潜质，有条件的再引入外部培训
缺乏培训需求分析	中	培训需求应和人才培养挂钩，必须认真分析公司培训现状，对员工核心需求进行认真分析，这样可提高培训的针对性和有效性
培训总结分析不到位	中	认真分析培训效果和学员的切身体验，为今后培训总结积累更丰富的经验

第十章

考勤与休假管理

本章导读

- 员工考勤有哪些常见的方式?
- 员工考勤具体模式如何选择?
- 员工考勤该如何人性化管理?
- 电子考勤作为证据是否有效?
- 销售人员考勤应该如何管理?
- 员工休假制度如何规范管理?
- 考勤与休假有哪些常见风险?

考勤管理是单位对员工出勤情况进行考核的一种管理制度，包括是否迟到早退、有无旷工请假等。休假管理是企业对员工假期进行系统化管理的制度。有些公司考勤和休假管理放在行政部门进行，有的放在人力资源部门进行，无论放在哪个部门，对于人力资源从业者而言，掌握考勤与休假制度建设和管理都是非常必要的。

一、管理目标

目标1　为企业发展建立良好的工作氛围和秩序

目标2　规范请假管理流程，提高审批效率

目标3　通过考勤数据分析不断提高管理针对性

图 10-1　考勤与休假管理的三大目标

二、考勤方式选择

表 10-1　不同考勤方式的优缺点比较

常见方式	优　点	缺　点
签字	真实签字笔迹可行度高	浪费纸张
刷卡	速度快	容易作弊
刷卡拍照	瞬间拍照有记录，无法作弊	会让部分员工感觉公司对员工不够信任和尊重

续表

常见方式	优　点	缺　点
指纹	不可作弊	有的员工无法打指纹
人脸识别	不可作弊	会让部分员工感觉公司对员工不够信任和尊重

> **小贴士**
>
> 考勤方式的选择体现了企业对员工的信任，任何制度都不应该惩罚好人，考勤方式也是如此。对于一个企业而言，多数员工都是表现良好、可信赖的，对于喜欢在考勤上投机取巧且业绩表现非常差的员工，一旦发现，必须严格按照公司劳动纪律来处理。

三、休假制度

1. 常见假期管理

表 10-2　常见假期管理总结

假期类别	常见规定（参考）	注意事项
法定节假日	按照国家规定休假	国家法定节假日加班支付 3 倍工资
带薪年假	员工累计工作满 1 年可休假，职工累计工作已满 1 年不满 10 年的，年休假 5 天；已满 10 年不满 20 年的，年休假 10 天；已满 20 年的，年休假 15 天	员工平时事假，可以用年假抵消（最好方式是以小时为单位，这样更加人性化）
病　假	• 病假 1 日内，和主管领导打招呼，事后允许补请假条 • 病假超过 3 日：需要提交医院证明（诊断证明），诊断证明应有建议休假时间；	因打架斗殴或其他违法行为造成的伤病，公司视情节按事假或旷工处理

续表

假期类别	常见规定（参考）	注意事项
病假	• 病假达 5 天（含）的，应出具挂号单据、病历及三级甲等医院诊断证明（包含建议休假时间） • 连续休病假：员工因病休假，当年（按自然年计算）累计休病假不超过 30 天的（含），可按国家规定发放月基本生活保障费（不低于当地最低工资标准的 80%）	
事假	• 当年带薪年假可冲抵事假 • 如果年假无法抵消的，则单独请事假期间不发放工资	当年事假累计不得超过 20 天，超过部分的事假一律视为旷工，依据公司旷工规定处理
婚假	• 关于婚假的一些规定：（1）按法定结婚年龄（女 20 周岁，男 22 周岁）结婚的，可享受 3 天婚假；（2）结婚时男女双方不在一地工作的，可视路程远近，另给予路程假；（3）在探亲假期间结婚的，不另给假期；（4）婚假包括公休假和法定假；（5）再婚的可享受法定婚假，在婚假和路程假期间，工资照发	目前全国各地对于晚婚晚育的婚假政策不同，请关注当地相关政策
丧假	• 员工父母、配偶、配偶父母、子女去世可请丧假 5 天 • 兄弟姐妹、祖父母（外祖父母）去世可请丧假 3 天	休息日及节假日均计算在内
产假	• 根据《女职工劳动保护特别规定》，女职工生育享受 98 天产假，其中产前可以休假 15 天；难产的，增加产假 15 天；生育多胞胎的，每多生育 1 个婴儿，增加产假 15 天。女职工怀孕未满 4 个月流产的，享受 15 天产假；怀孕满 4 个月流产的，享受 42 天产假 • 正常生育政策全国统一，但是生育奖励政策各地不同，如北京地区自 2016 年 1 月 1 日起取消晚育假，在正常产假的基础上延长生育假 60 天，此外还有育儿假	全国各地晚婚晚育假期天数是不同的，请关注当地相关政策

续表

假期类别	常见规定（参考）	注意事项
工 伤	员工在工作时间内因工负伤，员工或部门负责人应在 24 小时内书面报告人力资源部	各地对于工伤有明确的报告时间规定，一般超过 48 小时的无效

2. 特殊人员考勤管理

销售人员可以要求填写《工作日志》并按时提交主管领导，抄送考勤负责人。

3. 关于旷工的处理

- 未办理完毕请假、续假手续（以取得请假批准回执为准）而缺勤的；
- 迟到或早退 30 分钟以上，且未办理请假手续的；
- 因员工个人原因未打卡，也未做出勤或公出登记的；
- 申请休假的理由与实际情况不符（或无法提供休假证明）而已休假的，视为旷工行为，所休天数计为旷工天数；
- 骗取、伪造、篡改、涂改休假证明的，休假期间计旷工；
- 利用公出时间办私事的，公出时间计旷工；
- 出差未按规定办理手续，且无法得到上级主管确认的；
- 不服从正常的工作调动，未到新的工作岗位出勤，或出勤后无故不进行工作的；
- 上班时间炒股、睡觉、聊天、看与工作无关的书籍或资料的；
- 因严重违法被公安部门扣押或拘留审查而未出勤的；
- 未正式提出书面离职申请擅自不上班的；
- 其他旷工行为。

> **小贴士**
>
> 旷工常见的处理方式有：（1）旷工期间扣发双倍工资。（2）连续旷工超过 3 天（含 3 天），或在连续 12 个月内累计旷工 5 天的，企业可按严重违反劳动纪律与其解除劳动合同关系，并且不需要支付任何经济补偿金。

四、经典案例

典型案例10　电子考勤作为证据，须经鉴定

【案情介绍】某日，公司向韩先生送达了一份书面《解除劳动合同通知》，内容为："您在试用期，累计迟到8次，其中还有3次连续迟到，属于严重违反公司纪律的行为，根据公司劳动纪律管理制度规定，公司决定与你解除劳动合同，即日生效，请于××××年××月××日之前办理离职交接手续。"

后韩先生提起劳动仲裁，要求恢复双方劳动关系，仲裁支持了韩先生的请求。公司不服诉至法院。公司认为本单位采取电子考勤，根据电子考勤记录，公司解除双方劳动关系并无不当。后经法院向该电子考勤软件的开发商了解，公司确实有权随时修改任何一位员工的考勤记录，但可以通过技术鉴定的方式来查明本案韩先生的考勤记录是否存在被实际修改的情形。于是，法院要求公司在限定的期限内预缴鉴定费以查明案件真相。但公司在法院限定的期限内不同意预缴鉴定费，导致鉴定不成。

【案例分析】虽然电子考勤技术含量较高、工作效率较快，但也存在考勤记录容易被修改的缺点，作为法律证据并不是铁证。

该公司采取公证的方式不失为有效固定证据的一种方式。但是公司完全有可能在事后恶意修改了韩先生的实际考勤记录，达到以严重违纪为由辞退韩先生的目的。因此，公司还负有证明自己没有事后修改韩先生考勤记录的责任。公司本可以通过申请技术鉴定以查明韩先生考勤记录是否被修改，但却拒绝缴纳鉴定费，导致案件真相无法查明，应承担"举证不能"的不利后果，法院据此推定公司提供的韩先生的考勤记录不具有真实性，从而判决其败诉。

典型案例11　销售人员的考勤如何处理

【案情介绍】郑先生进入某科技公司担任销售人员，在双方签署的《劳动合同》中约定，公司对于销售人员实行"完全弹性工作制"，也就是说销售员工不实行考勤管理，但员工应当服从公司工作安排出勤。郑先生工作非常努

力，每个月销售业绩名列前茅，公司领导非常满意。但是最近郑先生每周缺席销售例会的情况非常严重，公司认为应当严肃公司纪律，故向其发出书面警告，要求其遵守公司规定，郑先生以工作忙为由继续不予理睬。公司无法忍受郑先生无视公司劳动纪律的行为，以其无故旷工3个工作日以上、严重违反劳动纪律为由，与其解除劳动关系。

郑先生认为自己是不定时工作制，工作系自行安排，根本不存在"旷工"一说，故对公司的解除决定表示不服，向劳动争议仲裁委员会申请仲裁，要求与公司恢复劳动关系。

【案例分析】企业销售人员的考勤问题一直困扰着人力资源部门的主管。销售人员以业绩说话，但即使业绩完成很好，如果该员工长期不到岗，没办法每天都接受监督，或者偷着干私活，是否就可以认定为旷工呢？如果并非长期不到岗而仅仅是偶尔的一两次不到岗，是否也可以认定为旷工呢？

本案的争议焦点在于"不定时工作制"是否可认定为旷工。问题的关键不在于该员工是否到岗，而恰恰在于公司是否有相应的规章制度。

仲裁委在经过审理后认为：公司通过民主程序制定的考勤等规章制度，不违反国家法律、行政法规及政策规定，并已向劳动者公示，可作为审理劳动争议案件的依据。虽然劳动者的工作岗位属不定时工作制，但用人单位的规章制度也明确约定"不服从公司安排无故缺勤者，以旷工处理"，故用人单位根据规章制度对劳动者所作出的违纪解除劳动合同的决定符合法律规定，最终仲裁委裁决用人单位胜诉。

典型案例12　员工辞职时年休假未用完怎么办

【案情介绍】刘女士入职某科技公司，试用期通过考核后转正。1年半后，刘女士提出辞职，要求先休完年假再离职。该公司人力资源部以员工离职视为自动放弃年假为由，不给刘女士任何经济补偿或者休假。刘女士认为公司规定不合理，就有关个人权益向劳动争议仲裁委员会申请仲裁。

【案例分析】目前，我国对年休假的规定主要是《职工带薪年休假条例》及《企业职工带薪年休假实施办法》。《职工带薪年休假条例》第2条规定：职工连续工作1年以上的，享受带薪年休假；第3条规定：职工累计工作已满1

年不满 10 年的，年休假 5 天。《企业职工带薪年休假实施办法》第 3 条规定：职工连续工作满 12 个月以上的，享受带薪年休假。

《企业职工带薪年休假实施办法》第 12 条第 1 款、第 2 款还规定："用人单位与职工解除或者终止劳动合同时，当年度未安排职工休满应休年休假天数的，应当按照职工当年已工作时间折算应休未休年休假天数并支付未休年休假工资报酬，但折算后不足 1 整天的部分不支付未休年休假工资报酬。前款规定的折算方法为：（当年度在本单位已过日历天数÷365 天）×职工本人全年应当享受的年休假天数－当年度已安排年休假天数。"

《劳动合同法》第 37 条规定："劳动者提前三十日以书面形式通知用人单位，可以解除劳动合同。"本案中，刘女士的要求是合法的，企业可通过剩余年假薪酬补偿或者让刘女士在离职前休完年假的方式（公司须在解除劳动关系日之前安排其休假，而后再解除劳动关系）友好协商解决。

五、管理风险

表 10-3　考勤与休假管理中的风险防范

风险描述	发生概率	主要防范措施
考勤相关处罚	大	处罚不是最终目的，只是手段。员工如果经常受到不公平待遇，可能导致其离职
考勤缺乏人性化	中	建议每月给 3-5 次善意迟到（早退）机会，恶劣天气可以集体免考勤，体现公司人性化管理，提升公司凝聚力
员工请假提供虚假信息	小	员工提供虚假请假单据或虚假证明，人力资源部要及时抽查验证，如有虚假，对相关责任人可按企业劳动纪律管理制度来处理

第十一章
劳动纪律管理

本章导读

- 如何清晰定义员工过失与违纪的等级?
- 企业规章制度如何民主征求员工意见?
- 企业的关键制度发布前是否需要公示?
- 员工如果违纪有哪些常见的处罚种类?
- 企业规章制度执行中要注意哪些事项?
- 劳动纪律处罚的依据和证据如何收集?
- 劳动纪律管理过程中有哪些常见风险?

劳动纪律又称职业纪律，指劳动者在劳动中所应遵守的劳动规则和劳动秩序。俗话说"没有规矩，不成方圆"，劳动纪律是用人单位为维持良好的经营环境、保障企业的工作秩序，要求全体员工在企业工作过程中必须共同遵守的规则。

一、管理目标

目标1　劳动纪律管理制度发布过程必须规范严谨

目标2　结合企业管理实践清晰定义违纪级别和内容

目标3　惩处员工要有足够的客观证据，避免劳动纠纷

图 11-1　劳动纪律管理的三大目标

二、制度建设

在企业管理实践中，员工违纪时有发生，因此制定严谨的劳动纪律管理制度，对于保障企业的利益和日常管理是非常必要的。

在实际工作中，员工的违纪分为轻微过失与违纪、中度过失与违纪、严重过失与违纪3个等级。

表 11-1　员工过失与违纪等级分类

过失与违纪等级	典型表现
轻微	• 工作时间睡觉的 • 在公司办公区内赌博的 • 工作时间着装不整、行为不雅的

续表

过失与违纪等级	典型表现
轻微	• 未经允许带外人参观公司的 • ……
中度	• 下班离开公司不关灯、不关闭电源或无故不关闭个人电脑的 • 在公司非吸烟区吸烟的 • 不向主管经理及时请假便擅自离岗的 • 用公司固定电话拨打私人电话的 • 网上浏览和传播不良信息的 • ……
严重	• 触犯国家法律 • 将公司核心机密透漏给竞争对手的 • 上班期间干私活的 • 替同事打卡考勤超过一定次数的 • 盗用公司信息系统管理账号的 • 未经公司书面批准擅自在网上发布公司信息、泄露公司秘密的 • 搬弄是非、制造谣言的 • 提供虚假报销票据、骗取公司报销款的 • 违背公司薪酬保密原则泄露薪酬机密的 • 在公司内部打架斗殴的 • ……

需要提示的是，任何制度都不可能把所有问题都列举出来，为此需要在制度中制定兜底条款，如"公司规章制度中规定的其他属于严重（中度或轻微）等级的违纪现象"。

三、制度公示

劳动纪律是影响员工切身利益的制度，必须做到程序合法、内容合法。

- 程序合法：劳动纪律管理制度发布过程必须经过员工代表讨论（公司有工会的要走工会发布制度的流程），并保留证据证明制度发布过程中的民主透明。典型证据如《会议签到表》《劳动纪律发布民主评议会议纪要》及员工代表在发布制度上的签字等必须存档备案。
- 内容合法：劳动纪律规定内容必须符合国家法律规定，符合社会人情和伦理。典型的不合理规定，如上班8小时期间上厕所不得超过3次（违反人之常理）；工作时不得大声说话……

> **小贴士**
>
> 与员工利益切身相关的制度发布过程必须公示征求意见，有的企业管理者很强势地认为管理制度直接发布即可，不需要征求员工意见，这缺少民主征求意见的过程。对于员工一致反对的内容不能发布，即使发布也无效。

四、制度执行

1. 处罚原则

在需要执行纪律的时候，公司将采取公平有效的原则进行。具体而言，必须遵循以下几条：
- 处罚目的为帮助员工有效遵守各项规章制度，保证正常的公司秩序；
- 客观公正；
- 要给员工充分解释和申述的机会。

2. 处罚类别

公司根据员工所犯的过失以及违纪的程度，所采取的相应处罚分为：
- 邮件警告或口头警告，通过电子邮件或口头等方式给予警告；
- 严重警告，最好通过书面方式提出严重警告；
- 公开通报，在全公司或者部门内公开通报；
- 立即解聘，严重违纪的可解聘，不需要支付任何经济补偿金。

此外，对于造成经济损失的还需赔偿一定损失，如触犯国家法律法规的，将按照法律规定处理。

3. 处罚规则

（1）以事实为依据，以制度为准绳，应视其后果及影响给予处理。

（2）对于轻微过失与违纪者，由部门或者人力资源部给予口头警告或者邮件警告，同时通知或抄送直接主管与部门经理。

（3）对于中度过失与违纪3次以内者，公司进行严重警告、公开通报或留职察看；超过3次者（含3次），公司立即与其解除劳动合同，并不支付任何经济补偿金。

（4）对于严重过失与违纪1次者，人力资源部将公开进行通报并直接辞退该员工，且公司不支付任何经济补偿金。

> **小贴士**
>
> 虽然对严重违纪行为，企业可直接解除劳动合同，并且无须支付任何经济补偿金，但在人力资源管理实践中绝对不能滥用这个规定，处罚不是目的，必须尊重并善待员工，做到奖惩有度。
>
> 处罚员工必须保留员工严重违纪的客观证据，包括人证与物证等，如果缺乏让人心服口服的证据，一旦员工申请仲裁，企业将存在败诉的风险。

五、经典案例

典型案例13　严重违反劳动纪律该如何规定

【案情介绍】某公司出纳王蕊（化名）打算休年假，公司财务部经理以业务繁忙为由一直没有允许。后来王蕊计划和家人出国旅游，通过电子邮件向主管领导也就是公司财务部经理请年假，并电话通知了财务部经理，财务部经理心里不痛快，一直不回复邮件。由于出国机票已经买好，王蕊于是陪同家人一起外出旅游休假4天。休假回公司后，公司以严重违反《员工手册》

为由解除了与王蕊的劳动合同。

王蕊是否严重违反劳动纪律或者用人单位规章制度？

【案例分析】目前我们国家相关法律并没有对严重违反劳动纪律作出明确规定，所以实践中对此类问题存在着很大的争议。

王蕊履行了正常请假手续，并没有给公司造成重大经济损失。在本案中，王蕊没有严重违反劳动纪律或者用人单位规章制度，用人单位的行为违背了法律的公平原则。

而原告所谓的《员工手册》其实根本就没有具备三个有效的条件，内容违反了《劳动法》的规定，制定程序也没有通过民主、公示程序，没有向劳动者公示。因此，公司所谓的《员工手册》没有法律效力，不可以作为处理本劳动纠纷的依据。

六、管理风险

表 11-2 劳动纪律管理中的风险防范

风险描述	类别	主要防范措施
直接发布劳动纪律管理制度	法律风险	必须经过员工代表讨论，并保留客观证据来证明制度发布过程中的民主透明，做到程序合法
违纪条款规定含糊	业务风险	尽可能根据公司实际情况，系统总结常见违纪现象，确保违纪规定更新的及时性和有效性
处罚员工缺乏证据	法律风险	必须保留足够的处罚证据，让员工心服口服，必要时必须做充分的调查

第十二章

实习生管理

本章导读

- 实习生入司和员工入职有何区别?
- 实习生入司前该如何走审批流程?
- 实习生入司要签订什么样的协议?
- 如何有效防止实习生的技术泄密?
- 实习生实习要开具哪些关键证明?
- 实习生离开公司需办理哪些手续?
- 实习期间如果发生工伤如何处理?
- 劳动争议管理有哪些常见的风险?

实习生指的是没有毕业即来公司实习的学生，企业招实习生的目的是及时发现表现优秀的毕业生，为企业发展建立有效的应届生人才储备。

一、管理目标

目标 1	实习生作为后续人才的梯队，降低用人风险
目标 2	提供科研与实习平台，树立良好的企业形象
目标 3	不断优化公司人力资源管理成本和人才结构

图 12-1　实习生管理的三大目标

二、管理流程

1. 实习生招录

对实习生的需求数量和技能要求，由各部门提出需求或人力资源部组织各部门统一提出需求，用人部门经主管领导批准后，由人力资源部统一组织招录、入司培训，后由用人部门安排实习内容和工作地点。

各部门如有资源也可以推荐实习生。所有实习生入司实习都需要通过《实习生实习审批表》（如表 12-1 所示）走正式的审批流程。

表 12-1　实习生实习审批表

实习生姓名		所学专业	
所在院校		毕业时间	
实习部门		直接导师	
开始实习时间		实习期限	
实习生信息来源	□公司同事推荐（推荐人：_____） □网站搜索 □网站招聘投递简历 □客户关系（客户方：_____）			
实习生基本情况			
实习内容			
实习补助标准			
审批栏			

2. 实习生入司管理

实习生入司后需要签订《实习协议书》（如表 12-2 所示），必要时可以签订《实习承诺书》，主要目的是加强实习生知识产权保密、劳动纪律管理等。

表 12-2 实习协议书

甲方名称：_____

乙方姓名：_____

身份证号：_____

联系电话：_____

经过甲乙双方友好协商，达成以下实习协议条款：

1. 甲乙双方经过协商，甲方同意接收乙方：_____大学/学院（系）专业学生_____到甲方进行毕业实习。

2. 实习部门：_____；

   实习工作岗位：_____。

3. 实习待遇补助标准为每个工作日____元（包括午餐费和交通费用在内，实际结算每月补助以实际工作日为准），甲方按照乙方实际出勤天数结算实习补助。

4. 实习期限：从____年__月__日到____年__月__日。

5. 实习期间乙方按时完成甲方分配的工作，乙方须服从甲方的实习工作安排，遵守甲方的《实习生管理制度》以及其他各项规章制度。

6. 乙方如不能适应甲方安排的实习工作，甲乙双方可以协商解除本协议。

7. 乙方实习承诺：

（1）严格遵守公司的各项规章制度，由于个人原因给公司造成各种经济损失，按照协议约定必须给予赔偿；

（2）本人实习期间参与公司任何工作所形成的任何工作成果及其知识产权均属于公司；

（3）维护本公司的名誉和声誉，不得向任何人透漏本公司的技术和管理机密；

（4）爱护公司物品，节约用水用电，损坏或遗失物品照价赔偿；

（5）未经许可，不得擅自带同学、朋友或者父母等来公司参观；

（6）其他约定：_____。

对于上述条款之外其他没有在承诺书中特别约定的事项，如果由于本人原因给公司造成经济或者名誉损失，愿意承担所有赔偿责任。

8. 实习结束后，甲方提供实习证明给乙方，同时乙方需要办理实习结束离司相关手续，如果手续没有办理完毕，甲方保留追偿相关经济损失的权利。

其他未尽事宜，由甲乙双方协商解决。

甲方负责人（签字）：　　　　乙方（签字）：

签字日期：　年　月　日

> **小贴士**
>
> 很多在校生到企业实习，不清楚企业的各项规章管理制度，实习协议作为君子协议要提醒关键内容，这对于维护企业利益非常重要。

3. 实习生考评

可根据公司绩效考评相关规定，定期对实习生进行考评，做好评价记录。

4. 实习结束安排

实习结束后，实习生提交《实习鉴定表》，企业可开具实习证明，如表12-3 所示。

表 12-3　实习鉴定表

实习生姓名		所在公司	
所在部门		开始实习日期	
岗位级别		鉴定日期	年　月　日
是否申请续签	□不续签　□申请续签实习协议，续签（　　）月 □申请签订员工劳动合同		
实习生实习期间个人总结	实习生（签字）：　　　　　　日期：　年　月　日		
实习生所在部门意见	部门负责人（签字/日期）：		
人力资源部主要意见	人力资源负责人（签字/日期）：		

实习结束之后走正式的离司（注意：此处不是离职）会签手续，如表12-4所示。

> **小贴士**
>
> 实习生无论是入司还是离司，都要有规范的流程，防止给企业带来各种经济损失。

表12-4 实习生离司会签表

实习生姓名		实习部门	
实习岗位		主管经理	
实习周期		年 月 日到 年 月 日	
计划正式离司日期		年 月 日	
所在学校		联系电话	
家长电话		辅导员电话	
QQ		常用电子邮件	
实习部门交接			主管经理（签字/日期）：
相关部门交接	部 门	交接内容	接收人（签字）
交接最终确认		□交接完毕 □没有交接完，遗留问题： 人力资源部（签字/日期）：	

三、经典案例

典型案例14　实习期间发生工伤如何处理

【案情介绍】在校生孙某到某公司实习,该公司与孙某签订了《实习协议》。鉴于孙某的良好表现,公司承诺孙某实习结束后一经取得毕业证和学位证,就可以转为正式员工。孙某正式毕业后,由于用人部门和主管领导意见不一致,该公司迟迟没有下决定是否让孙某转为正式员工。就在实习期间,孙某在工作中意外遭遇工伤,经劳动保障部门鉴定为十级伤残。此后,孙某多次向公司主张工伤保险,公司均置之不理。孙某无奈提起劳动仲裁,仲裁结果对公司不利。

公司不服裁决,以孙某受伤时仍是在校学生且一直未向其提供毕业证书,导致双方未签订劳动合同为由,否认存在劳动关系,提请法院要求撤销仲裁裁决。

【案例分析】是否存在劳动关系是认定工伤的前提和条件,《劳动合同法》第7条规定:"用人单位自用工之日起即与劳动者建立劳动关系。用人单位应当建立职工名册备查。"劳动关系的认定并非以是否签订书面劳动合同为标准,而是以用人单位是否存在用工事实为标准。应届生毕业后已转为正式劳动者,一般情况下以取得毕业证日期为基准,次日签订劳动合同。

孙某在工作时受伤并经劳动部门鉴定为十级伤残,公司未按规定支付工伤保险待遇,侵害了其合法权益。公司以孙某未提交毕业证书导致双方未签订劳动合同的抗辩意见不能对抗《劳动合同法》第10条第1款"建立劳动关系,应当订立书面劳动合同"的强制性规定,法院经审理后不予采信,遂判令公司进行工伤赔偿的同时,赔偿未签订劳动合同的双倍工资差额。法院对公司的抗辩理由不予采信是正确的。

四、管理风险

表 12-5　实习生管理中的风险防范

风险描述	发生概率	主要防范措施
虚假实习	中	实习手续必须齐备，如需要完成《实习生信息登记表》。此外，需要复印身份证、学生证等进行存档备案，防止虚假实习给企业带来管理问题
企业技术泄密问题	中	实习生入司后需要签订《实习承诺书》或《实习保密协议》，并签字确认
实习生毕业后没有按时转正	大	正式毕业后（以取得毕业证日期为准），企业必须于次日签订正式劳动合同，否则将按照双倍标准支付赔偿金

第十三章

档案管理

本章导读

- 员工内部档案主要有哪些内容?
- 如何管理企业员工内部档案?
- 外部档案如何立户、迁入、迁出?
- 员工外部档案如何规范管理?
- 档案管理不当该负什么责任?
- 人事档案管理为何严格保密?
- 人事档案查阅为何规定权限?
- 档案管理有哪些常见的风险?

人事档案管理就是企业人事档案的收集、整理、保管、统计等活动。人事档案是在人事管理活动中形成的，记述和反映个人任职经历和绩效表现，以个人为单位组合起来，以备考察和分析的人事文件材料。

建立健全保管制度是对人事档案进行有效保管的关键，其基本内容包括人事档案建档、归档、检查核对、转递、保密和统计管理等。

一、管理目标

目标1	规范内部员工档案管理，确保员工信息完整性
目标2	规范外部人才档案转入和转出管理的相关手续
目标3	人事档案必须严格保密且有规范的审阅权限

图 13-1　档案管理的三大目标

二、内部档案

1. 内部人事档案材料常见资料包括但不限于以下种类：
- 个人简历；
- 学历材料；
- 面试评价表；
- 入职审批表；

- 入职登记表；
- 奖惩文件；
- 试用期考核表；
- 录用转正材料；
- 培训经历；
- 其他参考材料。

2. 内部档案管理要求：

- 内部档案管理要采用档案袋方式统一管理（建立、接转、保存、整理），按照员工号顺序存档；
- 新员工入职档案要认真检查完整性以及内容真实性（如学历等）；
- 在职期间所有考核、总结和奖惩资料都要及时存档；
- 档案查阅必须经过严格审批，没有审批严禁随意查询；
- 员工离职后档案要及时归档，按照相关规定至少要保留 2 年；
- 对于有一定规模的公司，可以建立 E-HR（电子化人力资源管理），即电子档案。

> **小贴士**
>
> 员工内部档案信息比较繁杂，为了方便查询，可开发相关 E-HR 管理软件，或者购买成熟的人力管理软件，以提高管理效率。

三、外部档案

外部档案管理机构主要包括，诸如地方人才、职业介绍所等具有人才档案存档权利的机构，公司立户后，缴纳正常存档费用后，员工档案可迁入迁出。

1. 公司立户

公司集体存档之前需要立户，以北京市某人才中心为例，参考协议如表 13-1 所示：

表 13-1　人事档案委托管理立户协议书

　　根据国家、北京市有关政策，本人才服务中心（以下简称甲方），与单位（以下简称乙方）就保存乙方人事档案问题签订如下协议：
　　一、甲方责任：
　　1.安全、妥善地保管人事档案；
　　2.办理人事档案调转手续并管理人事档案；
　　3.接转行政工资关系、保留原身份；
　　4.按照有关政策为调往事业单位人员调整档案工资；
　　5.办理初次参保人员的工龄认定手续；
　　6.出具与人事档案材料有关的公证及其他证明材料；
　　7.办理存档人员的升学、外调等有关政审；
　　8.办理存档人员党组织关系的接转和管理；
　　9.办理接收的大中专毕业生转正定级手续；
　　10.办理存档人员因公出国（境）政审；
　　11.依据人事档案的有关规定，对不符合规定的档案，甲方有权拒收，并告知不符合规定的理由；
　　12.按照人事档案管理的有关规定，对于乙方提供的资料，经确认属于归档范围的，由甲方负责补充档案内容。
　　二、乙方责任：
　　1.乙方必须是经国家有关部门批准成立的合法机构；
　　2.乙方因各种原因在工商行政管理部门注销登记后，应在自注销登记之日起30日内持有关注销材料到甲方办理协议终止手续；
　　3.乙方应在自工商行政管理部门办理变更单位名称、法人、注册地址之日起30日内，持有关变更材料到甲方办理变更手续；
　　4.乙方解除本协议时，应持本协议，同时出示书面申请并加盖单位公章，结清存档费用，并按照有关规定将单位户内档案全部办理转出手续；
　　5.乙方应按时、足额缴纳存档费用，存档费标准每人每月20元，于每年3月底前结清上一年度的存档费用，逾期未交费，甲方有权停止一切人事档案服务，由此造成的后果由乙方负责；
　　6.乙方应按照甲方办理业务的有关要求，出具相应的材料、证明等（详见海淀人才业务办理流程）；
　　7.乙方办理存档的有关事项，由乙方设专职人员到甲方办理手续；
　　8.乙方应对本单位育龄人员进行计划生育政策宣传教育，严格遵守《北京市计划生

续表

育条例》,对于违反该条例造成不良后果的,由乙方承担责任;同时向甲方提供本单位员工真实、准确的婚育情况;

9.乙方员工存档期间的社会保险及住房公积金、退休审批等事项,由乙方按照国家有关规定执行;

10.如遇国家及北京市有关政策调整,甲方有权依据政策规定调整人事档案服务项目及流程。

三、本协议一式两份,甲乙双方各执一份,自双方签字、盖章之日起生效,如有未尽事宜,甲乙双方另行协商解决。

甲方(盖章):

乙方(盖章):

签订日期: 年 月 日

2. 人才档案迁入(以北京市为例,因各地政策有区别,实际表格有所不同)

表 13-2 委托存档单位流动人员转入登记表

姓 名		性 别		出生年月日		民 族	
身份证号码							
户口所在地	省(市、自治区) 市(县)						
参加工作时间		政治面貌		专业技术职务			
存档前身份	1.干部 2.工人 3.应(往)届毕业生 4.军转干部 5.复退军人						
学历	1.研究生(博士/硕士) 2.本科 3.大专 4.中专 5.其他						
毕业院校				专业				
工作简历							

续表

	姓　名	关　系	现工作单位名称或学习、出国、退休等情况
家庭主要成员			

联系方式	手　机		E-mail	
	宅　电		联系人	

委托存档申请	本人自愿申请将人事档案转入现存档单位，由存档单位集体委托人才服务中心负责保管，并遵守国家有关法律、法规和政策规定。社会保险由现聘用单位参照国家有关政策办理。 　　　　　　　　　　　　　　　　申请人签字：　　年　月　日
享受北京市优惠人事政策情况	1. 非北京生源进京　2. 人才引进　3. 办理工作居住证　4. 解决夫妻分居问题
原单位（或存档机构）名称	
立户序号：	
委托存档单位（盖章） 经办人签字：　年　月　日	人才服务中心（盖章） 　　　　　年　月　日

3. 档案迁出（以北京市为例，因各地政策有区别，实际表格有所不同）

档案迁出必须持有单位开具的介绍信。

表 13-3　委托存档单位流动人员转出登记表

姓　名		性别		出生年月日		民族	
身份证号码							
户口所在地	省（市、自治区）　　　市（县）						

存档单位任职工作情况	任职时间	部门名称	职务或岗位
	工作表现自我评价： 本人签字：　　　　　　年　月　日		

单位鉴定	 负责人签字：　　　　　　年　月　日

调入单位（或存档机构）名称	
立户序号： 委托存档单位（盖章） 经办人签字：　年　月　日	人才服务中心（盖章） 年　月　日

四、相关法律

目前，人力资源部门需要了解的档案管理法律法规有（以北京市为例）：
- 《中华人民共和国档案法》（2020 年修订）；
- 《北京市实施〈中华人民共和国档案法〉办法》（2016 年修正）；
- 北京市人力资源和社会保障局、北京市档案局、北京市总工会等关于印发《北京市集体合同档案管理办法（试行）》的通知。

还有地方相关档案规定，也有很重要的参考价值。

五、经典案例

典型案例 15　某公司创始人因档案丢失无法办退休获赔 6 万元

【案情简介】 据《京华时报》2012 年 11 月 2 日报道，国内某知名化妆品公司创始人武先生已 72 岁高龄，退休 12 年却无法办理相关手续，原因是其老东家 A 公司将他的档案弄丢了，为此武先生将 A 公司诉至法院要求赔偿，法院终审判决 A 公司赔偿武先生 6 万元损失。

武先生起诉称，1985 年 5 月，他从石家庄调入 A 公司，负责组建 B 厂，并任 B 厂厂长。1989 年 9 月，他出任中日合资 B 公司董事长。1990 年 10 月，武先生被公派出国。在 1994 年或 1995 年，回国后武先生找 A 公司要求恢复工作，但是该公司未予安排。2000 年，武先生达到退休年龄，却发现 A 公司将他的档案丢失。后武先生不断地查找档案，但是一直没有找到。因此，他起诉要求 A 公司赔偿损失 12 万元。对于武先生的起诉，A 公司并不同意，他们称武先生被任命为 B 厂厂长时档案确实在该公司保存，但是此后武先生的人事关系发生了诸多变化。1989 年 4 月，武先生被河北省委任命为保定地区行署副专员兼涿州经济开发区主任。1989 年 11 月，涿州市委组织部出具商调函，武先生持商调函办理了档案转移手续。此后，武先生创办了 C 公司。因此，A 公司认为武先生要求该公司赔偿损失缺乏事实依据,而且已过诉讼时效。

【案例分析】法院经过审理后查明,武先生于2000年达到退休年龄后,发现档案下落不明,积极查找档案无果。虽然A公司称武先生的档案已经转出,但是并没有向法院提供档案转出的有效证据。因此一审法院指出,职工调动、辞职、解除劳动合同或被开除、辞退等,应由职工所在单位在一个月内将其档案转交其工作单位或其户口所在地的街道劳动部门。A公司作为用人单位,负有妥善保管和在劳动关系解除或终止后及时转移职工档案的义务。而现在武先生的档案下落不明,A公司又未向法院提供将武先生档案转出的有效证据,因而该公司应赔偿武先生的损失。此外,法院还指出,武先生在发现档案丢失后积极寻找,并没有放弃权利,因此诉讼也没有超过时效。最终法院判决A公司赔偿原告武先生6万元。

> **小贴士**
>
> 公民的人事档案是公民取得就业资格、办理调动、聘用、核算工资标准及社会保险福利待遇乃至办理退休、退职手续以及享受养老保险福利待遇所应具备的重要凭证。无论是在存档还是在转接过程中,企业妥善保管员工档案都是其法定义务。

六、管理风险

表13-4 档案管理中的风险防范

风险描述	发生概率	主要防范措施
档案内容不完整	大	规范档案检查流程,入职后必须有档案检查确认单,此外要定期检查
档案内容真实性存疑	大	关键信息要有核实机制,如学历信息
保管不当造成丢失	大	妥善保管员工档案是单位法定义务,如果丢失,公司要承担赔偿责任

续表

风险描述	发生概率	主要防范措施
内部档案查阅随意性	大	人事档案管理必须严格确保材料保密，规定审阅权限，防止档案信息泄密

第十四章

离职管理

本章导读

- 常见的员工离职种类有哪些？
- 员工离职该如何申请才有效？
- 员工离职的会签流程是什么？
- 解聘或合同不续签如何处理？
- 劳动合同终止如何通知员工？
- 如何做员工离职访谈才有效？
- 如何规范员工离职经济补偿？
- 如何规范竞业限制更为有效？
- 离职没办完手续该怎么处理？
- 员工"闪电"离职时该如何处理？
- 员工离职有哪些常见的风险？

离职管理是指在劳动合同终止、解除或合同期满不续签的情形下，员工办理离职过程的管理。在员工办理离职过程中，企业要把握处理员工离职的基本原则，关注离职存在的各种法律风险，确保离职过程的规范管理。

一、管理目标

目标1	规范员工离职管理流程，以确保离职工作交接的规范性
目标2	做好员工离职访谈和分析，及时采取有效的防范措施
目标3	做好员工离职沟通，以避免离职过程存在的各种管理风险

图 14-1　离职管理的三大目标

二、离职流程

一般而言，员工离职前都有一些征兆，包括但不限于：工作表现消极怠工、行为举动异常等。企业人力资源管理者要尤其关注离职的黄金时间段，对于有核心价值的员工要采取有效的挽留措施；如果企业无法兑现承诺条件，则必须走离职管理流程。

员工离职分为以下几种情况，如表 14-1 所示。

表 14-1　员工离职的几种情况

类　别	提出方	处理原则
试用期内离职	员工	提前 3 天提出即可，走正规的离职流程。
	公司	试用期不合格，在和员工充分沟通后，走正规的离职流程。
合同期内离职	员工	提前 30 天提出，公司可挽留或者放弃挽留；如无法挽留，则走正规的离职流程。
	公司	公司提出后要和员工协商好，并需要签订离职补偿协议，之后走正规的离职流程。
合同到期	员工	提前 30 天通知公司，公司不需要给离职补偿。
	公司	提前 30 天通知个人，公司需要给经济补偿。

具体离职管理流程如下：

1. 离职申请：合同期内员工离职，必须提前一个月（双方在劳动合同中有特殊约定的除外）向直属部门经理提交书面《员工离职申请表》；合同期满而个人又无意续签合同的员工离职，须在合同期满前一个月向部门经理提交书面《员工离职申请表》，如表 14-2 所示。

表 14-2　员工离职申请表

申请人		身份证号	
所在部门		入职时间	年　月　日
申请日期	年　月　日	计划正式离职日期	年　月　日
离职类型	□试用期内离职　□合同期内离职　□合同到期　□其他		
离职原因			
对公司的建议或希望			
员工离职须知	（根据需要在此增加离职注意事项要点，如注意劳动管理纪律等） 员工（签字）：　　　　日期：　年　月　日		
审批栏			

《员工离职申请表》经部门经理、主管领导审批后,由人力资源部通知员工本人和所在部门,员工接到通知后方可办理离职交接手续。

2. 由于员工工作表现不佳或公司业务调整而离职:合同期内公司提出解聘或劳动合同期满不再续签的,由员工所在部门或项目组填写《员工解聘审批单》,转由人力资源部跟进并经总经理最终审批后,提前30日向员工发出《解聘通知书》或《劳动合同终止通知书》,书面通知员工本人并确保进行有效沟通,到期办理相关离职手续。

表14-3 劳动合同终止通知书

尊敬的_____先生/女士:
　　由于_____,您与公司签订的劳动合同于___年___月___日终止。您的薪酬福利将发放至实际离职日,社会保险及住房公积金将发放至___年___月。
　　非常感谢您在就职期间为公司发展所做出的努力和贡献。请您在___日(月)办理完毕工作交接及离司联合会签手续。
　　祝您今后有更好的发展,特此通知。

人力资源部
年　月　日

回　执

　　我已收到公司劳动合同终止通知书,同意并接受公司对我的安排,将于近日办理完毕工作交接及离职会签手续。

员工(签字/日期):

3. 试用期内,双方可以随时解除劳动合同,但须提前3天告知对方。

4. 离职当天,人力资源部需要约见离职员工进行离职面谈,做好面谈记录,填写《离职面谈记录表》并备案。

表14-4 离职面谈记录表

员工姓名		入职日期		离职日期	
所在公司		所在部门		岗位	
离职类型	□合同期内主动辞职　□合同到期　□试用期内离职 □解聘　□其他					

续表

离职原因	公司原因： □发展空间不够　□薪资偏低且调薪周期长 □不满意公司制度　□缺少培训机会 □工作量太少、太枯燥　□工作量太多、压力过大难以承受 □与上司关系不融洽　□与同事关系不融洽 □感到内部不公平　□工作环境 □企业文化　□企业发展前景 □其他
	外部原因： □找到更好的工作　□自己创业 □家庭原因　□学习深造 □健康原因　□转换行业 □其他
当初选择本公司的最主要原因	
认为公司目前最需要解决的问题	
其他建议或意见	
	访谈人（签字/日期）：

> **小贴士**
>
> 　　在企业特殊发展时期，有时候离职会形成一种"风气"，对于离职原因和去向等内容，人力资源部门要分析总结并深刻反思，及时为企业高管提供人力管理的合理化建议。

　　5. 离职当日员工需持《员工离职会签表》在各部门办理完所有离职手续后方可离职。

　　6. 核心骨干人员的《员工离职会签表》须经总经理最终审批，其他员工经主管领导审批即可。

表14-5　员工离职会签表

员工姓名		所在部门	
员工号		身份证号	
岗　位		离职批准日期	年　月　日
员工类型	□正式员工　□试用期员工　□其他		
正式离职日期	年　月　日		
本部门主要工作交接			

类　型	正在开展工作	指定交接人	具体交接内容	交接人员（签字/日期）
部门内部工作交接				
遗留问题处理				
主管经理审核	主管经理（签字/日期）：			
相关部门交接				

	指定部门	交接事项	交接人（签字）
部门指定交接	办公室	办公室设备归还	
		……	
	财务部	借款、账款、其他扣款等	
		……	
	人力资源部	保险和公积金停缴日期：　年　月	
		工资结算截止日期：　年　月　日	
		个人档案迁出	
		培训协议	
		离职证明开具	
		……	
	商务部	销售人员需要发函通知客户	

续表

人力资源部最终确认
□离职手续办理完整,同意正式离职。 □离职手续办理不完整不同意正式离职,整改环节如下: 负责人(签字):　　　　年　　月　　日

> **小贴士**
>
> 　　离职联合会签的目的是提高效率,但是签字的人要对签字结果负责,防止出现离职交接模糊应付了事的情况。对于核心骨干的离职,建议召开离职交接会,确保交接效果,防止核心员工离职给公司造成潜在的损失。

　　7. 员工离职的当月薪资将由公司在双方协议的发薪日通过银行直接转入个人账号。

　　8. 为了保证公司正常工作的延续性,避免不必要的损失,对未按规定办理离职手续的员工,公司有权在该员工办好手续前暂停向其支付应得的工资补助及补偿,并视具体情况预扣一定款项弥补因此给公司造成的经济损失,待员工按规定办理完交接手续并对遗留工作进行处理后,再予以发放相应款项。

　　9. 员工未按规定办理离职手续,如果造成相关经济损失,企业有权追究。

　　10. 员工按规定办理离职手续并积极配合后续工作处理的,公司将按期发放工资、报销款,办理保险、公积金的转出手续,返还个人资格证书等,并正式开具离职证明。

三、离职经济补偿

　　劳动合同解除和终止经济补偿金支付情况总结如下表。

表 14-6 离职经济补偿总结

模　式	提出方	经济补偿	备　注
协商解除	单位	按照业界惯例是 N+1	不论何种类型的劳动合同，都可以无条件协商解除
即时通知解除	单位	0	试用期内不符合录用条件；严重违纪；给公司造成重大损失；兼职对本职工作有严重影响或经提出拒不改正的；以欺诈、胁迫手段或者乘人之危订立劳动合同；被追究刑事责任
预告通知解除（非过失性解除劳动合同）	单位	N+1	患病或非因工负伤医疗期满不能从事原工作，也不能从事另行安排的工作；不能胜任工作，经培训或调岗后仍无法胜任的；劳动合同无法履行且无法达成变更劳动合同协议的
裁员解除	单位	N+1	破产；经营困难；转产、重大技术革新或者经营方式调整；客观情况发生重大变化，履行法定程序后可裁员
主动辞职	员工	0	不论何种类型的劳动合同，正式员工都可以无条件地提前 30 天通知解除劳动合同，在试用期内提前 3 天通知即可
随时通知解除	员工	N+1	未提供约定的劳动保护和条件；未按时足额支付劳动报酬；未依法缴纳社会保险费；规章制度违法损害劳动者利益；以欺诈、胁迫手段或者乘人之危订立劳动合同的；法律法规规定的其他情况
劳动合同期满	单位	需要支付	用人单位不同意续订的；用人单位降低劳动条件续订劳动合同，劳动者不同意续订的；用人单位维持或者提高劳动条件续订劳动合同，劳动者不同意续订的，上述 3 种情形需要支付，自 2008 年 1 月 1 日起计算"N+1"
	员工	0	合同到期员工不愿意续签的
企业破产	单位	N+1	单位被宣告破产，或者被吊销营业执照、责令关闭、撤销或者用人单位决定提前解散的

续表

模　式	提出方	经济补偿	备　注
退休或死亡	单位	0	劳动者开始享受基本养老保险待遇的 劳动者死亡，或被法院宣告死亡或失踪的
不得解除的	——	——	从事接触职业病危害作业的劳动者未进行离岗前职业健康检查，或者疑似职业病病人在诊断或者医学观察期间；患职业病或者因工负伤并被确认丧失或者部分丧失劳动能力的；患病或者负伤，在规定的医疗期内的；女职工在孕期、产期、哺乳期内的；在单位连续工作满 15 年，且距法定退休年龄不足 5 年以及法律、行政法规规定的其他情形

注意："N+1"可以采取提前 30 天或支付 1 个月工资方式处理"N+1"中的"1"。

【经济补偿标准】

1. 劳动合同未到期，公司提前与员工解除劳动合同的，经济补偿根据劳动者在本单位工作的年限，按每满 1 年支付 1 个月工资的标准向劳动者支付。6 个月以上不满 1 年的，按 1 年计算；不满 6 个月的，向劳动者支付半个月工资的经济补偿。也就是说，"N"以每满 6 个月补偿 0.5 个月为单位来计算。

2. 劳动者月工资高于北京市人民政府公布的本地区上年度职工月平均工资 3 倍的，向其支付经济补偿的标准按职工月平均工资 3 倍的数额支付，向其支付经济补偿的年限最高不超过 12 年。月工资是指劳动者在劳动合同解除或者终止前 12 个月的平均工资。

3. 关于劳动合同到期企业提出不续签是否必须提前 30 天提出的问题。

• 我国《劳动合同法》对于"合同期满企业提出不续签是否必须提前 30 天提出"的问题没有非常明确规定，但是《劳动部关于加强劳动合同管理完善劳动合同制度的通知》（劳部发〔1997〕106 号）第 5 条明确提出"强化劳动合同制度运行的日常管理工作……劳动合同期满前应当提前一个月向职工提出终止或续订劳动合同的书面意向，并及时办理有关手续"。

• 合同期满如果企业没有提前 30 天和劳动者提出终止合同，可以采用每延迟一日支付一日工资作为赔偿金的方式和劳动者协商解决，这是一种仲裁支持的通用处理方式。

- 劳动合同期满，企业提前30天提出不续签是企业人性化管理的体现：早点向劳动者提出合同期满不续签，会让劳动者有足够的思想准备早点着手找工作，防止给劳动者工作和生活造成措手不及。从这个意义上来讲，提前30天和劳动者提出不续签并且给予合理的经济补偿，是一种非常人性化的管理，强烈建议企业做好这方面的管理，否则一旦发生劳动纠纷，仲裁机构一般都会倾向于保护劳动者。

- 需要特别说明的是，劳动合同到期企业主动提出不续签是有限制条件的，根据《劳动合同法》第14条，如果劳动者在该用人单位连续工作满10年，或者劳动者和企业连续订立两次固定期限劳动合同且劳动者没有该法第39条和第40条第1项、第2项规定的情形续订劳动合同的，劳动者提出或者同意续订、订立劳动合同的，除劳动者提出订立固定期限劳动合同外，企业应当订立无固定期限劳动合同。

> **小贴士**
>
> 经济补偿金和经济赔偿金的区别是，经济补偿金是企业依法一次性给予劳动者的经济补助，如劳动合同解除或终止、竞业限制补偿金等；经济赔偿金则是企业或劳动者违反法律规定或者劳动合同的约定给对方造成经济损失时向对方支付的赔偿，常见情况有企业不及时与劳动者签订劳动合同、违法约定试用期、违法解除或终止劳动合同、被责令限期支付但未支付劳动报酬等。

关于解除劳动合同中涉及的《员工经济补偿协议书》参考表14-7。

表14-7 员工经济补偿协议书

甲方：_____
乙方：_____
1. 甲、乙双方于___年__月__日签订了为期___年的劳动合同（自___年__月__日起至___年__月__日止），现甲乙双方友好协商一致，决定签订本协议以解除上述劳动合同，尚未履行的合同不再继续履行。
2. 工作交接：乙方于____个工作日内即____年__月__日之前办理完毕工作交接及离司手续。
3. 甲方支付的相关费用：
①乙方的工资计算至实际工作交接完毕之日。
②乙方的薪酬福利、社保、住房公积金将发放至___年__月__日。
③甲方向乙方支付____个月的经济补偿金，计____元。
④支付代通知金____元（如提前一个月通知，则不需要支付此项费用）。

　　　　　　　　　　甲方（盖章）：　　　　　　乙方：
　　　　　　　　　　　　年　月　日　　　　　　　年　月　日

【特别提示】协议必须签字存档，防止以后出现分歧或纠纷。

四、离职竞业限制

《劳动合同法》第23条规定："用人单位与劳动者可以在劳动合同中约定保守用人单位的商业秘密和与知识产权相关的保密事项。对负有保密义务的劳动者，用人单位可以在劳动合同或者保密协议中与劳动者约定竞业限制条款，并约定在解除或者终止劳动合同后，在竞业限制期限内按月给予劳动者经济补偿。劳动者违反竞业限制约定的，应当按照约定向用人单位支付违约金。"

《劳动合同法》第24条规定："竞业限制的人员限于用人单位的高级管理人员、高级技术人员和其他负有保密义务的人员。竞业限制的范围、地域、期限由用人单位与劳动者约定，竞业限制的约定不得违反法律、法规的规定。

在解除或者终止劳动合同后，前款规定的人员到与本单位生产或者经营同类产品、从事同类业务的有竞争关系的其他用人单位，或者自己开业生产或者经营同类产品、从事同类业务的竞业限制期限，不得超过二年。"

【竞业限制操作实践】

上述规定在人力资源管理实践中要特别注意以下几点：

1. 如果企业和离职员工没有签订《竞业限制约定》，并且按月发放竞业限制经济补偿金，则企业没有资格限制离职员工到竞争对手的公司工作。

2. 对于竞业限制经济补偿标准问题，《劳动合同法》没有做出特别明确的规定，实践中以双方达成约定的经济补偿为依据。

> **小贴士**
>
> 核心保密员工离职后，和企业签订的劳动合同中规定的保密协议继续有效，但是约束力不如竞业限制。企业如果有足够证据证明员工到竞争对手公司就职，并且竞争对手通过离职员工窃取核心机密，可以起诉离职员工，前提是举证时必须有足够的证据证明。

五、经典案例

典型案例16　离职员工没有做好工作交接如何处理

【案情介绍】某公司员工小李提出离职，该用人单位以他经手的事务未处理完毕为由，要求小李承担给公司带来的经济损失并要求小李写承诺书同意从其工资中扣除，否则公司不予办理离职手续。

该公司做法是否合法？如果不合法，劳动者应如何处理？

【案例分析】1.该公司的做法不合法：在员工依法提出离职的情况下，公司有义务为员工依法办理离职手续。员工未依法办理工作交接而给公司造成经济损失的，公司可通过法律途径要求员工赔偿，而不应该以不予办理离职手续来为难员工。

2.作为员工应当按照劳动合同的约定做好工作交接,切实维护公司利益,避免个人离职给公司造成各种损失。正确做法应该是员工积极配合公司离职交接安排,以书面形式向公司提出离职,并保留客观证据;在公司不办理离职手续的情况下,可以提起劳动仲裁,要求公司办理离职手续,并要求其赔偿未及时办理离职手续所造成的经济损失。

典型案例 17　员工提出"闪电"离职,企业该如何处理

【案情介绍】小孙入职时和科技公司签订了为期 3 年的劳动合同。在公司工作两年后,由于另一家公司的"高薪诱惑",于是小孙突然提出离职并要求当天办理手续。该公司《员工手册》中规定"员工离职,必须提前一个月提出书面申请",否则扣押剩余工资,作为对公司损失的赔偿。但是小孙要求公司支付其剩余工资,否则将对公司提起劳动仲裁。

【案例分析】1.该公司《员工手册》规定扣押剩余工资的做法不合法,剩余工资应当依法支付。

2.作为公司人力资源部门,首先应与离职员工和具体的用人部门进行沟通交流,了解员工离职的真实原因,以及员工是否已做好离职交接。解决这样的问题可采取两种方式。

- 离职的人"身在曹营心在汉",没有挽留价值:如果该员工离职没有重大损失,可和该员工协商适当推迟几天,待彻底办理好离职交接后再离职。
- 离职可能引发重大损失:员工选择违法解除劳动合同强行立即走人,公司按照规定支付剩余工资,但在离职后公司可以提起劳动仲裁,要求员工赔偿其给公司造成的各项经济损失。需要注意的是,人力资源部门在与员工沟通时要保留相应的管理证据。

典型案例 18　企业签订的竞业限制协议是否有效

【案情介绍】王某与某咨询公司签订了期限为 3 年的劳动合同,合同约定王某从事咨询顾问工作,年薪不低于 20 万元。同时,双方签订了《竞业限制协议》,其中约定:"王某不论何种原因从公司离职,离职后一年内都不得到与本公司有竞争关系的单位就职。"合同中清晰列举出有竞争关系的单位,双方

还约定王某在与公司正式办理完解除劳动合同手续之日起 15 日内,公司向王某发放竞业限制补偿金,补偿金标准为王某上一年度月平均工资的 20%,未满一年的按当年工资折算,由公司按月发放给王某,并且约定王某如不履行竞业限制义务,应当承担违约责任,违约金为 10 万元。

入职 3 个月后,王某向公司提交辞职报告,称自己不适应该公司的工作环境,要求辞职。公司同意了王某的辞职请求,双方办理完交接手续后,公司向王某出具了解除劳动关系证明,并向其支付当月的竞业限制补偿费(按王某实际领取月工资的 20% 计算),之后按月将补偿费打入王某银行账户。王某前往竞争对手公司应聘并被录用,继续从事咨询顾问工作。公司在取得相关证据后,即向劳动仲裁部门申请仲裁,要求王某支付违约金 10 万元。

本案有以下几个争议焦点问题:

1. 如何认定竞业限制协议的有效性?

2. 竞业限制补偿金是否有支付标准?

3. 竞业限制补偿金过低是否有效?

4. 竞业限制补偿金过低显失公正时该如何处理?

【案例分析】 1. 竞业限制协议是否有效,关键在于竞业限制期间用人单位是否按月向劳动者支付了经济补偿金。实践中,争议较多的是补偿金的标准问题,即当用人单位支付给劳动者的经济补偿金与劳动者在该单位正常工作期间获得的劳动报酬相比明显过低时,竞业限制协议是否有效。

2. 由于《劳动合同法》对竞业限制补偿金支付标准未作明确规定,我国还没有相关法律规定竞业限制经济补偿的最低或最高标准。但是,有些地方从保护劳动者合法权益的角度出发,对最低标准作了补充性的规定,而最高标准目前还没有任何规定。

《深圳经济特区企业技术秘密保护条例》第 24 条规定,竞业限制协议约定的补偿费,按月计算不得少于该员工离开企业前最后 12 个月的月平均工资的二分之一。约定补偿费少于上述标准或者没有约定补偿费的,补偿费按照该员工离开企业前最后 12 个月的月平均工资的二分之一计算。

3. 竞业限制补偿金过低是否有效,在司法实践中有两种有争议的观点。

一种观点认为，双方对竞业限制补偿费未作约定或约定的金额、期限、付款方式不符合相关法律法规规定的，属无效条款。另一种观点认为，应区别对待，如果未约定竞业限制补偿金或者约定数额过低的，相当于排除了劳动者获得补偿金的权利。根据《劳动合同法》第26条第1款第2项"用人单位免除自己的法定责任，排除劳动者权利的，合同无效"的规定，应属无效条款。如果约定了补偿金，但约定的支付方式不符合《劳动合同法》的规定，也要分两种情况：一是对劳动者更有利的，为有效约定；二是实际减除或者排除了劳动者权利的，为无效约定。在仲裁实践中，要根据具体情况而定。

4. 双方已就竞业限制补偿标准和违约金作了约定的，竞业限制补偿金和违约金之间的比例应当公平合理。如果补偿金和违约金之间显失公正的，仲裁委员会对于违约金的金额可以适当变更。

六、管理风险

表 14-8　离职管理中的风险防范

风险描述	发生概率	主要防范措施
违法解聘	中	违法解聘员工需要支付双倍赔偿金（内含补偿金），因此解聘员工必须和员工友好协商，和员工达成一致，并签订《解除劳动合同协议书》
员工离职带来商业机密泄露	中	认真检查员工入职时签订的劳动合同规定的保密条款是否过期，如果内容没有明确规定，可单独在离职申请中或离职会签表中约定
离职交接不到位留下后患	大	员工离职必须交接到位（要有相关风险防范和管理措施），必要时可召开交接会组织交接，关键的离职交接对于交接人员也要多重备份

第十五章
人才盘点

本章导读

- 人才盘点有哪些步骤流程?
- 人才盘点结果如何应用?
- 人才盘点管理有哪些常见风险?

人才盘点是指对企业人才现状做充分的摸底调查，通过对员工绩效、潜能、能力或价值观维度的评估，有针对性地提出响应人才提升的解决方案。

人才盘点的目标是塑造组织整体核心竞争力，通过盘点对组织人才布局做出分析，对关键岗位的梯队分布做出部署，对关键岗位继任计划以及关键人才的发展乃至人员优化调整做出科学的决策。

一、管理目标

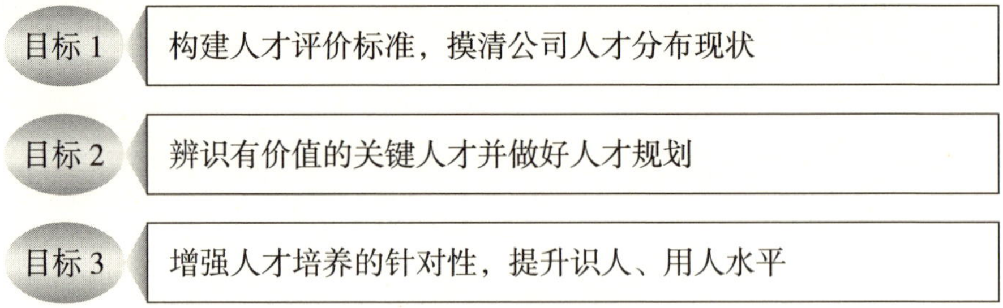

目标1　构建人才评价标准，摸清公司人才分布现状

目标2　辨识有价值的关键人才并做好人才规划

目标3　增强人才培养的针对性，提升识人、用人水平

图 15-1　人才盘点的三大目标

二、人才盘点流程

人才盘点的整个流程实际上是识别关键人才的过程，因此人才盘点通常情况下应该是对全公司人才进行盘点，并且通过人才盘点甄选出关键人才。

简单来讲，人才盘点的步骤流程可以分为四个环节：准备环节、评估环节、校准会环节和结果确认环节。

1. 准备环节

准备环节的主要任务包括确定人才工作目标、实施范围、工作流程、预期工作成果等，最终形成《人才盘点工作计划》进行评审。

- 工作目标：针对要解决的痛点或问题，确保盘点目标的针对性；

在人才盘点九宫格中，绩效评估结果作为工作结果，通常是人才盘点的必选维度，工作过程的维度通常有三项可以采用，分别是能力、潜力和价值观。这三种选择分别代表三种不同的用人原则：采用能力作为人才盘点的维度代表着公司重视的是员工当前的能力是否充分发挥出来；采用潜力作为人才盘点的维度代表着公司重视对员工能力的挖掘和培养；采用价值观作为人才盘点的维度代表着公司重视员工的思想意识是否符合公司的需求。

- 实施范围：是全公司范围还是有重点开展，是在集团公司还是在子公司开展等；
- 工作流程：如盘点时间、参加人员、采用的工具、相关会议安排、关键人员盘点技能培训等；
- 预期工作成果：《人才盘点工作报告》。

2. 评估环节

人才盘点启动的关键步骤，按照盘点计划组织评估：

- 制定人才评估标准：绩效考核成绩按照什么分数段做高、中、低三类定义，潜能或能力如何按照高、中、低做分类，必要时构建岗位胜任力模型；
- 人才评估工具：如采用360度测评问卷做能力或潜能评价，采用人才测评工具做能力或潜能评价等；
- 人才评估预分析：采用九宫格，按照绩效—潜能（能力）做人才盘点表及个人评估结果分布预估。

3. 校准会环节

预评估结果只是初步评估结果，为了让人才评估相对准确，通过团队集体评审可获得合理的人才评估结果，防止评估过于失真。

4. 结果确认环节

评估校准后可展现人才盘点的最终成果，如《人才盘点工作报告》。

三、人才盘点应用

人才盘点很清晰地为我们呈现出了企业的人才排列位置和人才分布情况，哪些人是优秀人才、哪些人是高潜人才、哪些人是适岗人才、哪些人是人岗不匹配人员。人才盘点的结果可以应用于人员的分类以及人才库储备、人员使用的计划、人才培养计划以及人才激励政策等多个方面。

经典的人才盘点经常以绩效—能力为维度，也有的以绩效—潜能为维度，人才评估九宫格参考示例如下图。

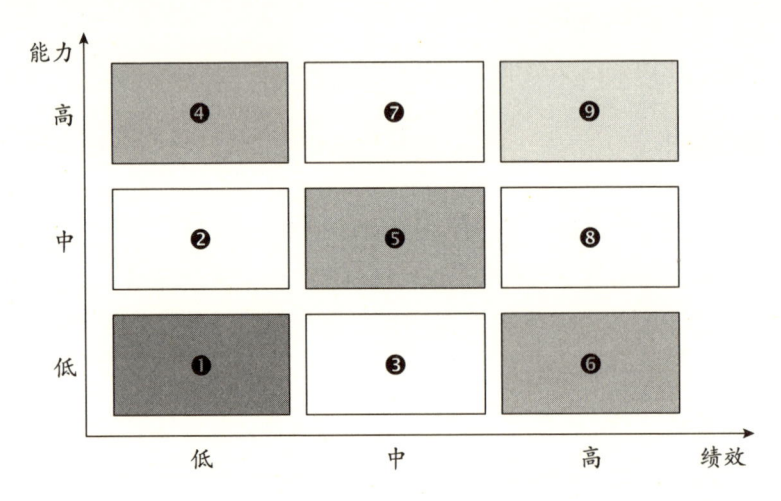

图 15-2 人才盘点中使用的经典九宫格（绩效—能力九宫格）

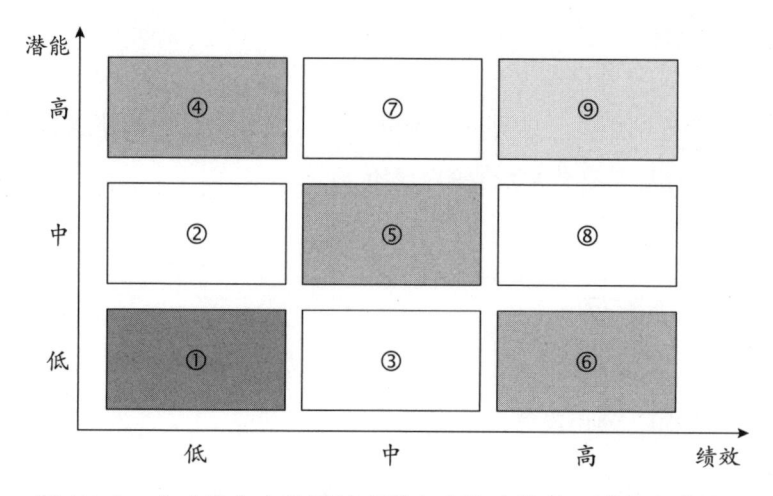

图 15-3　人才盘点中使用的高潜九宫格（绩效—潜能九宫格）

人才盘点项目中最重要的工具就是九宫格，用于评估和展示企业中的人才现状，即人才在团队中的位置以及团队中人才分布的情况。在对人才进行分类后，企业一般会将盘点结果与后续的人才策略相结合。人才盘点结果的应用主要体现在以下几点：

（1）团队人员调整优化

人才盘点是公司组织架构层面上的关键安排，因此人才盘点结果不但可以直观反映出公司在建立人才选用育留等机制方面存在的突出问题，还可以为团队人员结构调整、人才招聘、人才梯队布局以及人员优化提供客观依据。

（2）企业培训工作针对性

根据人才盘点评估结果结合员工素质评价，通过对员工九大类分类定格，可构建多层次的人才梯队，从而进行有针对性的培训安排。

（3）人岗匹配优胜劣汰

根据人才盘点结果，制订相应的岗位或职务调整计划，主要包括晋升、轮岗、职责调整、调动或者优化淘汰等，以提高人岗匹配程度，提升团队的专业能力和职业素质。

（4）绩效薪酬调整

人才盘点结果还可为公司薪酬调整、考核与激励以及岗位胜任力评价等提供决策参考依据。

（5）关键人才培养

人才盘点结果可以帮助企业构建人才布局图，哪些重点人才需要培养、哪些人才需要外部引入，这种有针对性的人才培养对企业构建优秀的人才梯队、防止人才断层具有非常现实的管理价值。

四、人才盘点案例

典型案例19　通用电气人才盘点

通用电气（GE）是人才管理领域的领先实践者，著名的人才盘点Session C是GE一年一度战略规划与人才发展规划非常重视的关键安排。

GE在培养和选拔管理人员时希望人才能够德才兼备，在追求绩效成果和企业长期发展的导向中，绩效被选作衡量是否有"才"的主要依据，代表了人才过去的业绩和成就。为了GE的长期发展，员工只有过去的成果是远远不够的，要想给GE带来更长期稳定的增长，需要人才有"增长型价值观"，这个价值观是衡量员工是否有"德"的重要依据。

其后，GE进一步发展了员工分类和定制化管理模式，从绩效和成长价值两个维度开发了"GE九宫格"（见图15-4），将员工细分为九个区域并对每一区域的员工都进行差异化的绩效和培训管理。"GE九宫格"对GE绩效管理的变革起到了至关重要的作用。在企业业务发展多元化时，人才九宫格对员工的差异化进行纵深分类，对差异化管理进行深化，促进了GE绩效变革的成功。

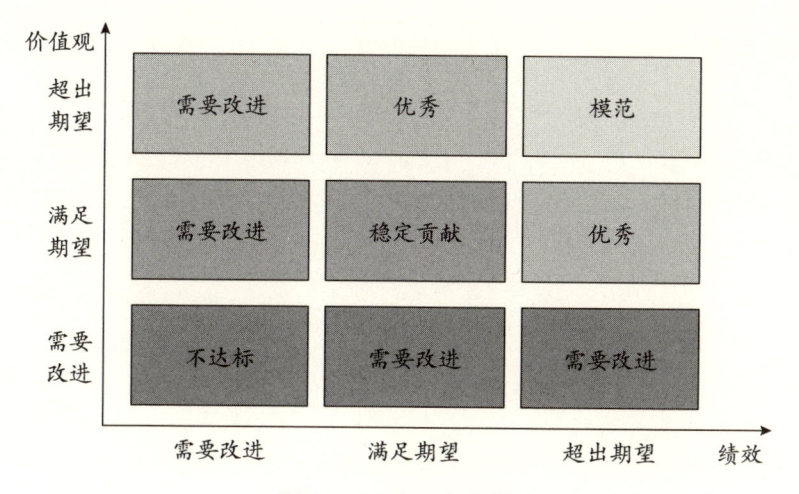

	需要改进	满足期望	超出期望
超出期望	需要改进	优秀	模范
满足期望	需要改进	稳定贡献	优秀
需要改进	不达标	需要改进	需要改进

（纵轴：价值观；横轴：绩效）

图 15-4　GE 九宫格

GE 九宫格充分体现了 GE 不仅强调业绩，更强调增长型价值观的文化特点。那些与价值观不符的员工无论做出多么耀眼的业绩也可能面临被淘汰的风险。

在 GE 九宫格中，GE 对人才的使用和发展策略非常直接简单：对于业绩和价值观都需要改进的人员坚决淘汰；对于业绩好但是触碰了价值观红线的人员也要坚决淘汰；对于价值观符合度高但业绩表现一般的人员在企业内部会为其提供更多的轮岗机会以激发员工自身潜能；对于业绩好并且价值观满足或超越期望的人才则会直接提拔，使其获得在更高岗位上历练和提升的机会。

典型案例 20　京东人才盘点

京东的人才盘点主要分为线上整体盘点、线下开门盘点以及线下闭门盘点相结合的方式对关键岗位人员进行梳理。无论是开门盘点还是闭门盘点，九宫格在人才盘点中都起着举足轻重的作用。

在京东的人才盘点中，人才九宫格协助公司规范人才分类标准，以及相应的管理举措（见图 15-5）。人才盘点会议评估出来的高潜人才每年都会参与公司精心设计的人才培养计划，与公司共同成长。

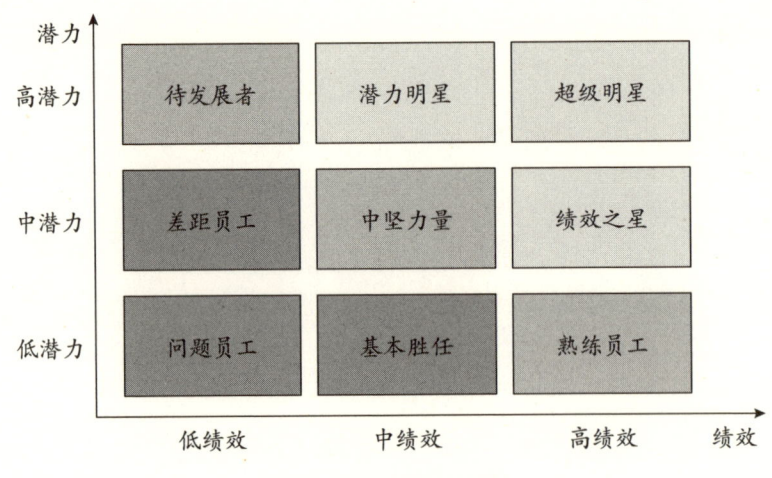

```
潜力
高潜力 |  待发展者  |  潜力明星  |  超级明星
中潜力 |  差距员工  |  中坚力量  |  绩效之星
低潜力 |  问题员工  |  基本胜任  |  熟练员工
         低绩效     中绩效     高绩效    绩效
```

图 15-5　京东九宫格

五、管理风险

表 15-1　人才盘点管理中的风险防范

风险描述	发生概率	主要防范措施
过度依赖评估工具	大	人才评估可借助工具，但是不能过度依赖工具，要运用人才评估校准会议，通过多维度信息收集分析，让评估结果具有更大的可信度
关键人才流失	中	人才盘点结果对于关键核心人才的评价要充分验证，对关键人才培养要有针对性
末位淘汰制	大	末位淘汰有时候可能误伤有价值的员工，建议给予响应缓冲和重新表现的机会，后期持续验证员工绩效、能力或潜能

第十六章

劳动争议管理

本章导读

- 劳动争议有哪些常见的解决模式？
- 发生劳动争议企业有哪些举证责任？
- 发生劳动争议有哪些举证技巧？
- 劳动争议证据证明力顺序为何？
- 如何利用调解阶段争取案件主动权？
- 无须举证有哪些常见情形？
- 员工医疗期满后可否解除合同？
- 劳动争议处理不当有哪些风险？

劳动争议指的是劳动关系当事人之间因劳动的权利与义务发生分歧而引起的争议，又称劳动纠纷。和谐社会是主旋律，在人力资源管理实践中，必须本着建立和谐劳动关系的宗旨，及时有效地处理劳动争议，切实维护企业的形象和声誉。

一、管理目标

目标1	发生劳动争议后，双方都要力求友好协商来解决
目标2	公司制度实施过程中要保留劳动争议的客观证据
目标3	维护好公司的根本利益，树立起良好的企业形象

图 16-1　劳动争议管理的三大目标

二、解决模式

2008年5月1日起施行的《中华人民共和国劳动争议调解仲裁法》（以下简称《劳动争议调解仲裁法》）为劳动争议调解仲裁提供了法律依据。自《劳动合同法》实施以来，员工的权利意识不断增强，劳动纠纷呈现多样化和复杂化的趋势，为此人力资源管理者必须掌握劳动争议的处理技巧。

根据相关法律的规定，劳动争议当事人可以有4条途径来解决争议。

表 16-1 解决劳动争议的四大途径

处理模式	主要应对措施	受理期限	备 注
协商	劳动争议双方当事人在发生劳动争议后,应当首先协商,找出解决的方法	没有时限要求	协商是解决争议的推荐方法
调解	调解程序并非法律规定的必经程序,然而对于解决劳动争议却起着很大的作用,尤其对于仍希望在原单位工作的职工,通过调解解决劳动争议当属首选步骤	自劳动争议调解组织收到调解申请之日起十五日内未达成调解协议的,当事人可以依法申请仲裁。本程序非必经程序,当事人可自由选择适用,或直接向当地劳动争议仲裁委员会申请仲裁	此处主要指企业"劳动争议调解委员会"对本单位发生的劳动争议进行的调解
仲裁	劳动争议仲裁委员会负责管辖本区域内发生的劳动争议。劳动争议由劳动合同履行地或者用人单位所在地的劳动争议仲裁委员会管辖。双方当事人分别向劳动合同履行地和用人单位所在地的劳动争议仲裁委员会申请仲裁的,由劳动合同履行地的劳动争议仲裁委员会管辖	劳动争议申请仲裁的时效期间为一年。仲裁时效期间从当事人知道或者应当知道其权利被侵害之日起计算。劳动争议仲裁委员会收到仲裁申请之日起五日内,认为符合受理条件的,应当受理,并通知申请人;认为不符合受理条件的,应当书面通知申请人不予受理,并说明理由。仲裁庭裁决劳动争议案件,应当自劳动争议仲裁委员会受理仲裁申请之日起四十五日内结束。案情复杂需要延期的,经劳动争议仲裁委员会主任批准,可以延期并书面通知当事人,但是延长期限不得超过十五日	必经程序。非经该程序直接向法院起诉的,人民法院不予受理
诉讼	人民法院受理	当事人对仲裁裁决不服的,可以自收到仲裁裁决书之日起十五日内向人民法院提起诉讼。根据《中华人民共和国民事诉讼法》的规定,人民法院适用普通程序审理的案件,应当在立案之日起	当事人对人民法院一审判决不服,可以再

续表

处理模式	主要应对措施	受理期限	备注
诉讼	人民法院受理	六个月内审结。有特殊情况需要延长的，经本院院长批准，可以延长六个月；还需要延长的，报请上级人民法院批准	提起上诉，二审判决是生效的判决，当事人必须执行

> **小贴士**
>
> 关于处理因签订或履行集体合同而发生的争议，《劳动法》第84条作了特殊的程序规定，即因签订集体合同发生争议，当事人协商解决不成的，当地人民政府劳动行政部门可以组织有关各方协调处理；因履行集体合同发生争议，当事人协商解决不成的，可以向劳动争议仲裁委员会申请仲裁。对仲裁裁决不服的，可以向人民法院提起诉讼。

三、举证责任

- 谁主张谁举证：当事人对自己的主张要提出证据证明。
- 举证责任倒置：因用人单位做出的开除、除名、辞退、解除劳动合同、减少劳动报酬、计算劳动者工作年限等决定而发生的劳动争议，由用人单位负举证责任。

四、证据

1. 证据的种类

证据包括书证、物证、视听资料、证人证言、当事人的陈述、鉴定结论、勘验笔录以及其他证据。

2. 证据的证明力顺序

- 依法制作的公文书证证明力大于其他书证；
- 档案的鉴定结论大于视听资料与证人证言；
- 原始证据大于传来证据；
- 直接证据大于间接证据；
- 一般证人证言大于有利害关系的证人证言。

五、举证技巧

1. 利用调解阶段争取案件的主动权

包括及时申请仲裁、准确把握事实、提出明确的申诉请求、不放弃诉讼的权利等。

2. 要注意无须举证的情况

包括众所周知的客观事实、自然规律，根据法律规定或者已知事实和日常生活经验法则能推定出的另一事实，已为人民法院发生法律效力的裁判所确认的事实，已为仲裁机构的生效裁决所确认的事实，已为有效公证文书所证明的事实等。

3. 常见几种证据的举证质证技巧

（1）劳动者主张加班工资的，用人单位应就企业加班管理制度（如加班必须通过公司审批，否则不视为加班）或者考勤记录等提出证据；

（2）劳动者已举证证明在用人单位处提供劳动，但用人单位主张劳动关系不成立的，用人单位应当提交反证；

（3）用人单位延期支付工资，劳动者主张用人单位系无故拖欠工资的，用人单位应就延期支付工资的原因进行举证；

（4）双方当事人均无法证明劳动者实际工作时间的，用人单位就劳动者所处的工作岗位的一般加班情况举证；

（5）用人单位减少劳动者劳动报酬，如扣绩效工资等，应就减少劳动报酬的原因及依据进行举证，如员工绩效承诺的签字等；

（6）用人单位主张劳动者严重违反劳动纪律或企业规章制度的，应就劳动者存在严重违反劳动纪律的规章制度事实、证明人以及企业规章制度是否经民主程序制定并已向劳动者公示的事实进行举证。

> **小贴士**
>
> 要注意劳动争议的一般时效（逾期无效）：劳动争议申请仲裁的时效期间为一年，起算时间为知道或者应当知道其权利被侵害之日；劳动报酬争议的仲裁时效期间，自劳动关系终止之日起一年。
>
> 有的员工在被企业裁掉的时候喜欢"秋后算账"，人力资源部门要关注仲裁时效的问题。

六、经典案例

典型案例21　如何认定用人单位规章制度的效力

【案情介绍】北京某软件企业与吴某等员工签订了为期3年的劳动合同，劳动合同中明确约定：公司员工应严格遵守用人单位的核心技术保密制度，不得将企业的研发信息及相关资料泄露，更不得利用企业相关信息资料牟取不正当利益。有上述情形之一的，用人单位有权依据《劳动合同法》第39条之规定解除劳动合同，造成损失的，可追究劳动者的赔偿责任。合同履行期间，公司几次发现正在研发过程中的技术资料被另一家竞争对手掌握，但却无法获取相关的证据。为了保护其商业秘密不受侵犯，经公司经营班子研究决定，公司制定了《公司内部网络监控管理规定》。该规定出台后，公司即向所有员工进行了传达，并要求员工阅读后签字确认，对此公司所有员工均无异议。之后公司引进了一套网络监控设备，重点对研发人员进行监控。网络监控实施过程中，公司发现吴某利用 QQ 或电子邮件等途径将单位一份有关新产品研发的重要资料外传，在取得该项证据并进行公证后，公司做出了开除吴某的决定。吴某为此向当地仲裁机构提请仲裁，他认为公司安装网络监控的行为侵犯了员工的个人隐私，公司据此获取证据解除其劳动合同的行为违法，要求公司支付违法解除劳动合同的经济补偿金。本案件经过仲裁后企业最终胜诉。

本案的争议焦点为：

1. 用人单位制定、发布的《公司内部网络监控管理规定》，合法性的关键要点有哪些？

2. 未经民主程序制定的规章制度是否丧失制度的效力？

【案例分析】1. 按照《劳动合同法》的相关规定，用人单位规章制度的合法性取决于以下三个要件：①经民主程序制定；②内容不违反法律、法规、规章、政策及集体合同；③已向劳动者公示或明确告知到位。

2. 规章制度的制定过程虽未经过民主程序但内容具有合法性，也已向劳动者公示或告知且劳动者未表示异议，这种规章已付诸实施的是否可以作为裁判的依据，司法实践中对此观点不统一。

企业要在经营中保护自己的经营利益，实际上也是被法律认可的，只不过从制度发布周密的角度来讲，最佳方式是经过民主程序通过、民主公示且内容合法。

典型案例 22　劳动合同未办终止手续，劳动关系是否终止

【案情介绍】原告陶某在被告单位（某工厂）做计划外临时工，由于其残疾，单位对他很是照顾。后原告与被告签订了为期 3 年的劳动合同，在合同履行期间原告多次因病住院，有证据的住院天数就达 256 天，加上原告是残疾人，不能胜任岗位工作。劳动合同期满后，被告未与原告再续订劳动合同，但也未及时办理合同终止手续，而是安排原告做临时工工作，仍给原告发放合同制工人工资，之后改发临时工补助。后来由于被告终止与原告的临时工关系，原告不服，向当地劳动仲裁委员会申请仲裁，要求与被告续订劳动合同。

该仲裁委员会认为，被告于合同期满后依法终止合同并无不当，同时裁

决由被告妥善解决终止劳动合同后原告的有关待遇。原告不服仲裁裁决，向当地人民法院提起诉讼，要求与被告续订劳动合同，并要求从劳动合同期满之日起至补签劳动合同生效时止，由被告赔偿由于其单方解除一切劳动关系而造成的经济损失，内含应调资而没有调资及劳保福利等方面的损失。

被告答辩称，劳动合同期满而解除合同是合法的。因原告是残疾人不能胜任岗位工作，所以不同意与原告续订劳动合同。终止合同后原告的有关待遇可依法予以完善。原告关于赔偿的主张依据的是原劳动部发布的《违反〈劳动法〉有关劳动合同规定的赔偿办法》，该文赔偿的规定指的是招用后故意不订立劳动合同的情况，被告单位与原告之间并非这种情况，因此不应承担经济赔偿责任。

陶某能否同工厂续订劳动合同？为什么？

【案例分析】本案是一起典型的劳动争议案，但本案既非因履行劳动合同所发生的争议，也非因开除、除名、辞退违纪职工而发生的争议，而是因劳动合同期满后，就原、被告之间是否应该续订劳动合同而引起的争议。

劳动合同的终止通常有几种情况：一是因劳动合同一方当事人（指职工）死亡，劳动合同自然终止。二是劳动合同期限届满，劳动合同即行终止。三是劳动合同其中一方当事人依法解除劳动合同，而使正在履行的劳动合同提前终止。因劳动合同期限届满而终止的，属劳动合同的自然终止（或称正常终止）。因劳动合同的解除而终止的，属劳动合同的提前终止（或称非正常终止）。劳动合同的解除必须符合法律规定的解除条件，否则劳动争议仲裁委员会或人民法院有权裁决或判决劳动合同不能终止而应继续履行。因期限届满而终止的劳动合同，其法律效力随着合同的终止而终止，劳动关系双方的责任、权利和义务也随之消灭。

本案被告在劳动合同期限届满后虽未及时与原告办理合同终止手续，但他们之间的劳动合同按法律规定已经终止，即原告和被告之间的劳动合同是否终止，关键在于该劳动合同是否已经期限届满，而不是取决于双方当事人是否办理了终止手续。

劳动合同终止后，原告和被告之间因该劳动合同而形成的责任、权利和义务应随之消灭。在这种情况下，如果一方要求续订劳动合同，必须征得对方的同意，否则就不可能产生新的劳动权利义务。由此可见，原告要求续订劳动合同，必须征得被告的同意。鉴于双方劳动关系已经消灭，原告提出的所谓经济损失也是不存在的。

这里需要特别说明的是，劳动合同期限届满后，用人单位应当及时与劳动合同相关方终止劳动合同关系，也就是要及时办理相应的终止手续，包括及时下发《劳动合同到期通知书》，这样管理会更加规范。如果需要续订劳动合同的，必须在双方完全同意的前提下及时续订，不得违反法律规定；不续订劳动合同的，应及时按法律规定办理劳动合同终止手续。

本案原告属残疾人，从积极为残疾人创造就业机会的角度和人性化管理的角度出发，只要原告能胜任本职工作，用人单位就应当尽可能为其工作和生活提供方便。但是从原告住院天数足以证明原告明显不能胜任该岗位的工作，因此原、被告之间不能续订劳动合同也在情理之中。

典型案例23　职工医疗期满用人单位可否解除劳动合同

【案情介绍】K公司2019年9月聘用孙某为该公司工作人员，双方签订了为期三年的固定期限劳动合同，2020年6月孙某因精神病发作导致无法独立完成工作并且先后数次住院治疗，出院后在家休养，其间多次返岗也无法胜任工作，直到2022年9月双方签订劳动合同到期前1个月即2022年8月，该公司因孙某仍不能返岗工作，向其出具《终止劳动合同关系通知书》及《终止劳动合同关系证明书》，终止了与孙某之间的劳动合同，并支付了孙某终止劳动合同所有经济补偿金。

孙某不服，认为自己还在医疗期，向当地劳动人事争议仲裁委员会提起仲裁申请，请求裁决K公司继续履行双方签订的劳动合同。

仲裁委员会驳回了申请人孙某的仲裁请求。

【案例分析】需要各位HR特别注意的一点是，医疗期不是治疗期的概念，而是"医疗保护期"，即企业不得解除劳动合同的保护期。

《企业职工患病或非因工负伤医疗期规定》(劳部发〔1994〕479号)第3条、第4条规定，企业职工因患病或非因工负伤，需要停止工作医疗时，根据本人实际参加工作年限和在本单位工作年限，给予三个月到二十四个月的医疗期:(一)实际工作年限十年以下的,在本单位工作年限五年以下的为三个月;(二)实际工作年限十年以上的,在本单位工作年限二十年以上的为二十四个月。医疗期三个月的按六个月内累计病休时间计算。

孙某于2019年9月入职,患病病休时实际工作年限为十年以下,在这个公司工作年限为五年以下,其享受的医疗期为3个月早已结束,孙某提出K公司终止劳动合同时其仍在医疗期内的主张无法律依据。

《劳动合同法》第42条第3项、第44条第1项、第45条规定,劳动合同期满,劳动合同终止,但劳动者患病或者非因工负伤,在规定的医疗期内的,劳动合同应当延续至相应的情形消失时终止。本案中,2022年9月,双方签订的劳动合同到期,2022年8月劳动合同到期之前该公司提出终止与孙某之间的劳动合同时,孙某并不在法定的医疗期内,所以其终止劳动合同的行为是合法的。

典型案例24 员工被辞为何打了两次官司

【案情介绍】唐先生进入一家外企工作,在进公司前他曾两次赴美与公司的大老板协商工作待遇事宜,最终公司高层确认他的年薪为30万元,并口头承诺与其签订无固定期限劳动合同。回国后,公司代表与唐先生签订了劳动合同,合同中明确了入职时间、6个月试用期及年薪待遇,但并未写明是无固定期限劳动合同。在唐先生工作5个多月后,公司突然向他发来一份劳动合同终止通知,通知说公司与他签订的6个月试用期限的劳动合同即将到期,公司不需要其继续服务。

对于公司的做法,唐先生表示无法接受,随即提出劳动争议仲裁,要求恢复劳动关系。但因对相关劳动法律不了解,唐先生当时并未提出要求公司支付违法解除劳动合同期间工资的诉请。在未获劳动仲裁支持后,唐先生诉至法院,并追加了要求单位支付违法解除劳动合同期间工资的诉请。一审法院经过审理,最终判决支持了唐先生要求恢复劳动关系的诉请,但对追加的工资诉请则认为没有经过仲裁前置程序而未予支持。法院认为,唐先生因判决产生的权利可以通过法律程序继续主张。对这样的判决结果劳资双方都没有上诉,在法院判决生效的次日,单位给唐先生发来了复岗通知书。

唐先生回公司上班的第一天就要求单位支付其违法解除劳动合同期间的工资，但公司认为法院并未判令公司承担此项义务，故拒不支付，并且表示暂时难以安排原岗位，要求唐先生等待安排。对于公司这种态度，唐先生表示，由于公司存在长期拖欠工资且不安排工作的情况，已违反《劳动法》，他要求单方解除劳动合同并要求公司支付拖欠的工资及经济补偿金。随即，唐先生又提起第二场劳动争议仲裁。

本案的争议焦点为：

1. 公司不及时安排唐先生恢复原岗位，让其等待安排的做法是否违法？
2. 公司是否需要支付第一次诉讼期间的工资？

【案例分析】 本案中第一次诉讼是涉及恢复劳动关系的争讼，但因当事人在劳动仲裁时遗漏诉请导致第二次工资损失的争讼。虽然案件本身有些复杂，但主要的争议焦点在于公司与唐先生签订的是何种期限的劳动合同，如果是无固定期限劳动合同，公司提出的劳动合同到期终止显然是违法解除的行为；反之，如果确认只是签订了试用期劳动合同，则可以视为合法终止。

1. 关于劳动合同的期限问题

我国《劳动合同法》中列举了3种劳动合同的期限，即固定期限、无固定期限和以完成一定的工作为期限。固定期限劳动合同是指劳动合同生效、履行和解除的时间是当事人事先确定下来并相对固定的劳动合同。

对于固定期限劳动合同，应当注意明确其起始时间和终止时间。无固定期限劳动合同是指解除时间不明确的劳动合同。无固定期限劳动合同首先是一种长期性的合同，但与原固定职工的"终身制"或者所谓的"铁饭碗"截然不同，只要出现法律规定或合同约定的可以解除或终止条件的，劳资双方都可以解除或终止无固定期限劳动合同。

在人力资源管理实践中，签订这种期限的劳动合同一般会在劳动合同中注明"无固定期限"。本案中用人单位正是以合同未注明合同是无固定期限为由而提出终止劳动合同的。但法院认为，劳资双方虽然未明示无固定期限，但从约定年薪的角度来看，用人单位签订劳动合同并非只想短期试用唐先生，因此推定双方的劳动合同应为无固定期限的劳动合同。因此，单位解除劳动合同的行为是违法的，双方的劳动关系应当恢复。

2. 争讼期间的工资应当由用人单位支付

根据《劳动争议调解仲裁法》规定，用人单位单方解除与劳动者的劳动关系，引起劳动争议，经劳动争议仲裁部门或人民法院裁决撤销单位原决定的，用人单位应当支付劳动者在仲裁、诉讼期间的工资。其标准为：用人单位做出决定之日时该劳动者在岗前12个月的月平均工资乘以停发月份。双方都有责任的，根据责任大小各自承担相应的责任。

本案是由用人单位的违法解除行为导致唐先生的工资损失，因此用人单位应当承担全部责任。

典型案例25　员工分期付款，是劳动争议还是借贷纠纷

【案情介绍】王某与在外国注册的某公司签订劳动合同，受聘于该公司的中国办事处。次年，双方达成劳动合同补充协议：鉴于王某系公司的核心骨干，为鼓励王某全身心投入工作，公司为王某提供66万元人民币的住房资金，王某购房后每月向公司支付住房资金的1/240（10年均摊），公司期望并经王某本人同意合同至少履行10年。劳动合同及其补充协议还特别约定合同的有效性及争议的解决应依照我国法律。

王某工作两年后，公司决定解除与王某的劳动合同，王某对此不能接受。在双方交涉期间，公司向法院起诉，要求王某偿还全部住房资金。王某以本案属于劳动争议，未经劳动仲裁不应直接向法院起诉为由提出管辖异议。同年，王某提起劳动仲裁。劳动仲裁委员会立案后经审理认为，公司系在外国注册成立，不具备我国企业法人的主体资格，于是以该劳动争议不适用《劳动法》调整为由驳回王某的仲裁请求。

法院在审理过程中形成两种观点：第一种观点认为，王某未在发生劳动争议之日起60日内提出劳动仲裁，因此双方的劳动关系已经解除，本案属于借款纠纷，王某应返还公司的全部购房款及银行同期利息。第二种观点认为，尽管王某未在发生劳动争议之日起60日内提出劳动仲裁，但本案仍属于劳动争议案件，没有经过劳动仲裁委员会的仲裁，法院不能受理。

【案例分析】本案主要的分歧在于如何认定案件的性质，即属于劳动争议还是借款纠纷？案件的性质取决于双方当事人之间所涉及法律关系的性质和

内容。通过分析本案案情可知：双方当事人之间法律关系的性质和内容都属于劳动争议，在程序上应当先进行劳动仲裁，在实体上应当适用我国《劳动法》。

本案的性质属于劳动争议而非借款纠纷：劳动合同是劳动者与用人单位为确立劳动关系，依法达成的关于双方在劳动过程中权利义务的书面协议。劳动合同的内容主要包括劳动者的职务和工作内容、劳动条件和休假期限、劳动待遇、合同的期限、合同的解除和终止、违反劳动合同的责任等。本案中，王某与公司之间的合同，在名称上是劳动合同及其补充协议，在内容上也具备劳动合同的全部必备条款，从而成就了劳动法律关系所需的全部要件。

本案所涉及住房资金是王某的劳动福利权。该项资金规定在双方达成的劳动合同补充协议中。补充协议明确了公司为王某提供住房资金的前提条件是王某系公司的高级雇员、公司愿意至少聘用10年，并且在该协议中约定了该资金的归还时间和方式。这表明关于住房资金的全部内容都是以双方的劳动权利和义务为依据的，是公司执行《劳动法》第76条的规定，即用人单位应当为劳动者提供并提高劳动者福利待遇的行为。王某的住房资金作为一项福利待遇，是公司为王某履行劳动合同而提供的，是公司应当履行的劳动义务；王某得到住房资金是履行劳动合同义务后应当享受的劳动权利。无论是补充协议中为提供住房资金设定的前提——王某系公司的高级雇员，还是补充协议中为住房资金设定的条件——王某不得在10年期满之前辞职，都是劳动关系的内容。

就本案的直接诉因而言，是由于公司单方面解除双方劳动合同所致，这本身就是劳动争议事项。就本案的实体内容看，用人单位与劳动者因福利待遇发生的争议应为劳动争议。

典型案例26　计件工资如何计算加班工资

【案情介绍】赵某在一家私营服装企业从事缝纫工作，公司对缝纫岗位实行的是综合计算工时工作制和计件工资制度，规定职工轮班作业，每做好一件服装发给工资20元。赵某一般每月工资为1200元左右，效率高时可以达到1600元左右。

某次，公司由于需要赶制一批时装，在赵某已经达到规定的工作时间的情况下，经与工会和职工本人协商，安排赵某等人在休息日加班。

　　过后公司以赵某每月工资1200元为基数，折算出其平均小时工资标准，并据此向其发放加班工资。赵某觉得公司的做法不合理，因为在加班期间，她急公司之所急，工作十分努力，工作效率与平时最高相仿，因此她认为公司应该以每月1600元为基数计算加班工资，或者至少以平均月工资1400元为基数。

　　为此，赵某向有关机构咨询，希望了解公司的做法是否合理，应该如何确定她的加班工资计算基数。

　　本案中，公司的做法是否合理，应该如何确定赵某的加班工资计算基数，理由是什么？

　　【案例分析】关于计算加班加点工资的基数问题，原劳动部颁布的《工资支付暂行规定》（劳部发〔1994〕489号）第13条第2款作了明确规定：实行计件工资的劳动者，在完成计件定额任务后，由用人单位安排延长工作时间的，应分别按照不低于其本人法定工作时间计件单价的150%、200%、300%支付其工资。赵某所在公司对赵某实行的是计件工资制度，但是在发放加班工资时，却改为按照计时工资制度计算，已是错误。在确定计算基数时，不顾赵某工作效率的实际情况，以其效率较低时的工资收入为基数，变相减少其加班工资，更是错上加错。正确的做法是，根据赵某在加班期间的实际产量，按照20元/件的200%的标准向其支付加班工资。

典型案例27　企业年终奖分期付，是否合法

　　【案情介绍】钱某被一家软件技术有限公司聘用，从事软件开发业务，合同期为3年。在合同期尚有半年的情况下，钱某决定离职。该公司于当年12月26日与钱某解除劳动合同，并支付了钱某当月的工资。

　　次年1月6日，钱某通过电子邮件的方式与该软件公司相关负责人联系，询问在职期间（上年度）的奖金问题，该负责人回邮明确拒绝了她的要求，理由是她已经离职。按照当时公司《员工手册》第3章第5款规定，员工当年的年终奖分4年兑现，若员工离职，未兑现完的年终奖将不再兑现。

　　索要奖金遭到明确拒绝后，钱某于2月18日向劳动争议仲裁委员会申请

仲裁，但该仲裁委认定钱某的申诉超过仲裁时效，故决定不予受理。钱某不服，诉至法院，要求兑现拖欠上年度所有奖金。

本案的争议焦点为：

1. 劳动仲裁委员会"申诉超过仲裁时效"的决定是否有法律依据，能否得到法院的支持，为什么？

2. 很多用人单位通过年终奖分期兑现的方式留住人才，这样的方式是否合法？同时，本案中当事人钱某最终能否成功地得到上年度的奖金？

【案例分析】法院经审理认为，钱某与软件公司于 12 月 26 日解除劳动合同，钱某与公司之间的电子邮件表明，公司对钱某所主张的奖金问题直到次年 1 月 6 日才明确拒绝，故申诉时效应当从次年 1 月 6 日起算。钱某于次年 2 月 18 日申请仲裁，其请求未超过申诉时效。该软件公司的《工资管理制度》规定员工离职后不再发放离职前的奖金，违反了《劳动法》的相关规定。

《劳动法》第 3 条规定，劳动者享有平等取得劳动报酬的权利，劳动者付出同等劳动应当取得相同的劳动报酬，这是《劳动法》规定的同工同酬原则。员工年终奖是对员工当年工作的考核，属于考核年度工资组成部分，考核年度之后员工的辞职、终止劳动合同等行为并不导致考核年度劳动者劳动的减少，不影响其考核年度的工作业绩，公司据此扣发员工年终奖缺乏依据。因此，公司根据工资规则规定拒绝支付原告员工年终奖的理由不能成立，法院不予采信。本案例具有一定的代表性，值得反思。

典型案例 28　员工加班工资和经济补偿金到底该不该付

【案情介绍】于某进入某广告公司从事后勤管理工作，双方劳动合同约定于某的基本工资为每月 1600 元，奖金根据公司薪酬办法另行计算。

于某在公司工作期间，每周工作 6 天，每天工作 8 小时。后公司因业务原因对部门进行整合，经与于某协商调整其到综合部工作。于某以不适应新的工作环境为由向公司递交了书面辞职报告，与公司解除了劳动合同。2010 年 4 月，于某向当地劳动争议仲裁委员会提出申请，以公司未及时足额支付劳动报酬迫使其提出解除劳动合同为由，要求公司支付经济补偿金 15000 元、补发周六加班工资31500元。公司在答辩时称,其在签订劳动合同时已明确告知因工作需要每周上6天班,且公司每月支付的工资和奖金已考虑到周六加班因素,否则于某也不可能于在职期间不向单位提出支付加班工资的请求;至于于某提出解除劳动合同,完全是因为其已与另一家单位达成用工意向,并非公司拖欠克扣工资所致,因此于某要求支付经济补偿金的请求也应予驳回。

本案的争议焦点为:

1. 在用人单位执行某一项超过法定工作时间的工时制度时,对于应否付加班工资如何判断?

2. 劳动者加班工资的申请仲裁时效如何认定?

3. 劳动者单方解除劳动合同理由前后不一致时,其真实意思如何认定?

【案例分析】 1. 用人单位应当在劳动合同中与劳动者明确约定工作时间(标准工时制、综合计算或不定时工时制),如用人单位执行的工时制度延长了国家规定的工作时间,对劳动报酬如何支付事先应作约定或规定。用人单位对此未作明确规定或双方在劳动合同中未明确约定的,可以认定为加班,用人单位应向劳动者支付加班工资。

2. 虽然劳动报酬争议不受一年申请仲裁时效的限制,但该特别时效规定是否适用于加班工资争议在仲裁实践中存在分歧。目前部分省市从举证责任的角度规定用人单位应当对两年内是否存在加班及是否支付过加班工资予以证明,也有的省市规定劳动者与用人单位因加班工资发生争议的,其申请仲裁的时效期间为两年。从仲裁实践看,这些规定有其合理性,但与法律规定之间存在矛盾之处。

3. 当劳动者(或用人单位)对于单方解除劳动合同的理由表述前后不一致时,即当时提出解除劳动合同的理由在申请仲裁时予以否认,并提出新的理由时,如劳动者以其他理由提出解除劳动合同后,又以因用人单位存在《劳动合同法》第38条第1款所列情形迫使其辞职为由,要求用人单位支付经济补偿金的,一般不予支持,但劳动者能够举证证明其受到欺诈或胁迫的除外。

七、管理风险

表 16-2　劳动争议管理中的风险防范

风险描述	发生概率	主要防范措施
规章制度制定和发布流程不规范	大	企业在制度制定和发布过程中必须深入结合企业管理实践，在发布涉及所有员工切身利益的管理制度过程中做到制度内容合法有效，发布流程民主规范，并保留客观证据
企业形象受损	中	劳动争议处理不当，特别是员工受到不公正待遇，会严重影响企业形象。因此，力争通过谈判解决劳动争议是最佳手段
缺少客观证据的规范化管理程序	中	企业要规范人力资源各项管理制度和流程，在实际管理工作中，要针对人力资源管理风险建立相应的防范措施，关键管理环节必须保留相应的客观证据

> **小贴士**
>
> 企业发生劳动争议的关键原因是很多企业 HR 不懂劳动法相关法律，如对《劳动合同法》一知半解。笔者著作《HR 不懂〈劳动合同法〉就是坑公司》这本书全面系统阐述了企业人力资源涉及的劳动合同法关键要点及风险规避举措等，感兴趣的读者可认真研读。

第十七章
企业组织建设

本章导读

- 组织建设大概包括哪些主要内容?
- 组织设计需坚持的 10 点原则是什么?
- 组织架构设计包括哪些主要流程?
- 常见的组织结构主要有哪些形式?
- 组织建设说明书都包括哪些内容?
- 经典的组织诊断都包括哪些内容?

目前，组织发展（Organizational Development，OD）在人力资源管理界成为一个很热的名词。

OD 究竟是什么？OD 本质上是根据企业发展战略，通过一系列管理举措帮助企业优化组织结构，梳理内部管理流程，推动组织有效变革，提升企业核心竞争力以及组织运营效率，最终目的是实现企业发展愿景和使命。

组织建设涉及多个方面，主要包括组织发展战略、组织业务模式、组织机制建设、组织架构模式、组织文化建设、组织人才发展、组织流程建设以及如何为组织赋能等。

一、管理目标

目标1	构建清晰的组织架构，全面支撑公司未来发展战略
目标2	通过岗位建设和内部流程梳理提升企业运营效率
目标3	通过组织赋能全面提升组织管理效率和经济效益

图 17-1　企业组织建设的三大目标

二、组织架构分析与设计

组织架构设置没有绝对意义上的好与坏，在公司快速发展期，良好的业绩会掩盖组织上的管理缺陷，如果未雨绸缪则必须考虑组织架构管理的实用性问题，超前考虑则会超前解决很多管理隐患。

1. 组织设计需要坚持的 10 点原则

（1）研究经典管理模式满足公司未来发展；

（2）力争精简高效，防止机构臃肿；

（3）稳定性与灵活性相结合；

（4）管理层次清晰，管理幅度适度；

（5）要综合考虑降本增效的问题；

（6）要充分考虑财务成本核算问题；

（7）单位名称尽可能通俗易懂、容易记忆；

（8）建议不要因人设岗，防止人浮于事；

（9）满足内部高效沟通需求，提高管理效率；

（10）执行与监督要分离。

2. 组织架构设计流程

组织架构需要按照如下流程进行设计：

业务分析→组织设计→岗位设置→人才盘点与配置→运营机制，概述如下：

- 业务分析：为了更好地完成公司业务，必须突出业务重心。
- 组织设计：业务清晰后可以做组织设计，要规范名称，防止管理混乱。
- 岗位设置：组织架构成型之后，就要回答每个部门下面要设置什么样的岗位，符合这个岗位的任职资格是什么，对应的考核标准是什么。
- 人才盘点与配置：通过一些方法盘点组织内的人才现状，是否能支撑企业未来发展。完全胜任就提拔，能力不足就培养，无法胜任就替换，岗位无人就招聘。
- 运营机制：梳理标准流程，匹配协同机制，并明确各自的权力和责任。很核心的是机制要保留足够的弹性和扩展性。

对应成果：《组织架构设计图》。

3. 组织架构设计图主要类型

组织管理是通过建立组织结构，规定职务或职位，明确责权关系等，以有效实现组织目标的过程。

影响组织架构设计的因素非常多，总结起来主要包括两大类：一类是企业环境因素，主要包括外部环境、发展阶段、业务特点、员工素质、信息化建设以及企业文化等；另一类是结构因素，主要包括管理层次与管理幅度、集权与分权、稳定性与适应性等。

按照经典的组织理论，企业组织架构的经典模式有四种，包括直线型、职能型、矩阵型及事业部型，在企业管理中这四种模式的纯粹形态很少见，大多是混合形态的。

（1）直线型架构

企业各级单位从上到下实行垂直领导，呈金字塔结构。直线型组织结构中下属部门只接受一个上级的指令，各级主管负责人对所属单位的一切问题负责。在这种组织中，上下级的权责关系是直线型的，即单线管理，上级拥有直接指挥权和决策权，如图17-2所示。

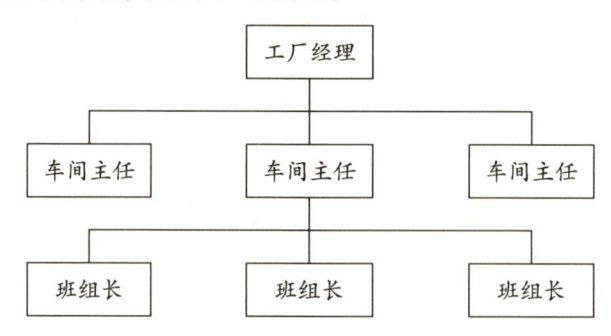

图17-2 直线型组织架构示意图

直线型架构优点：①管理权力集中；②避免人力资源重复配置；③有利于提高工作效率。

直线型架构缺点：①跨部门协调性较差；②不利于高级人才培养和提高；③不利于培养复合型人才。

直线型架构适用范围：规模较小或业务活动简单稳定的企业。

（2）职能型架构

职能型组织架构的典型特征是从企业高层到基层，均把承担相同职能的管理业务及其人员组合在一起设置相应管理部门和管理职务。各级管理机构和人员实行高度的专业化分工，各自履行一定的管理职能，每一个职能部门所开展的业务活动将为整个组织服务，如图17-3所示。

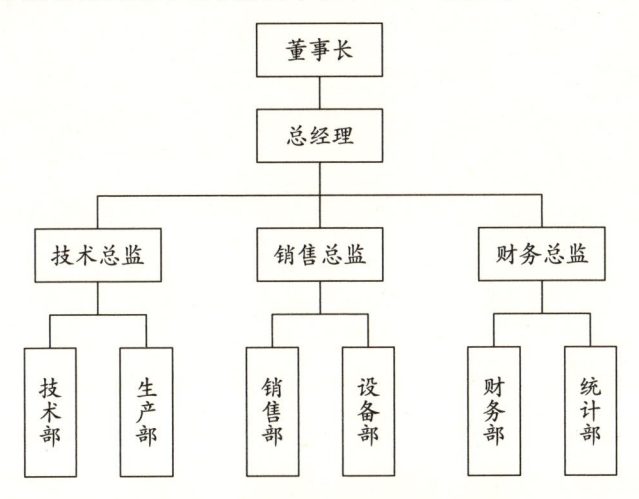

图 17-3　职能型组织架构示意图

职能型架构优点：①发挥职能部门的专业管理作用；②组织稳定性高。

职能型架构缺点：①部门之间可能出现矛盾；②缺乏适应性和灵活性，并且工作效率低。

职能型架构适用范围：劳动密集、重复劳动的大中型企业。

（3）矩阵型架构

矩阵型组织架构的典型特征是一种混合体，即职能型组织架构和项目型组织架构的混合。一方面服从项目的管理；另一方面服从公司各个职能部门的管理，项目组织与职能部门同时存在，既发挥职能部门纵向优势，又发挥项目组织横向优势，组织的机动性加强，集权和分权相结合，专业人员的潜能得到发挥，能培养各种人才，如图17-4所示。

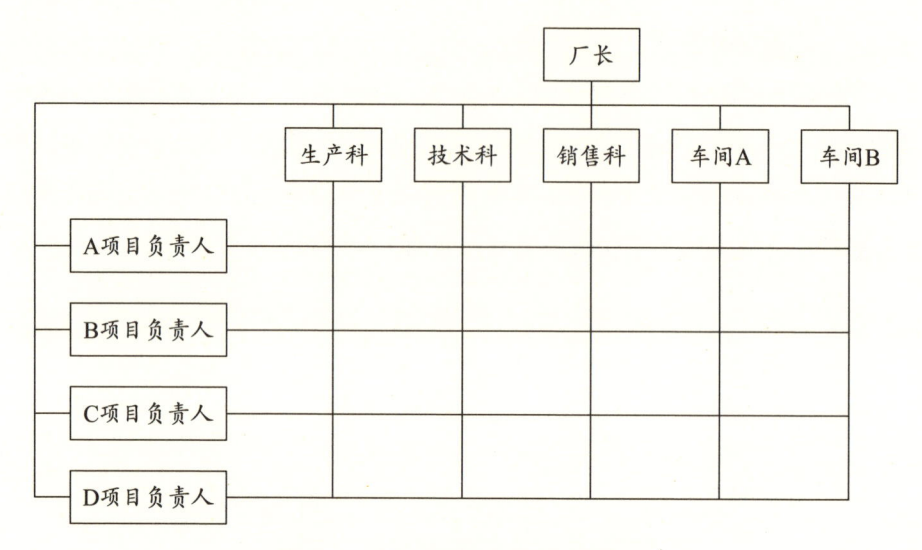

图 17-4　矩阵型组织架构示意图

矩阵型架构优点：①人力资源共享；②垂直管理方便快捷。

矩阵型架构缺点：①管理节点较多，企业运营成本高；②纵向与横向管理线条交叉，管理流程较复杂；③员工同时接受多头管理，有时候无法分清主次。

矩阵型架构适用范围：项目管理型的企业。

（4）事业部型架构

事业部型组织架构的典型特征是基于产品或服务类型基础划分组织形式，每个事业部通常负责一个特定的产品或服务线，并且管理责权利非常清晰，如图 17-5 所示。

事业部型架构优点：①独立核算，有利于发挥主动性和创造性；②沟通协调效率高。

事业部型架构缺点：①容易造成部门壁垒；②岗位设置重叠造成人员浪费；③事业部之间互相协同力度弱。

事业部型架构适用范围：产品多样化、内部推行独立核算型企业。

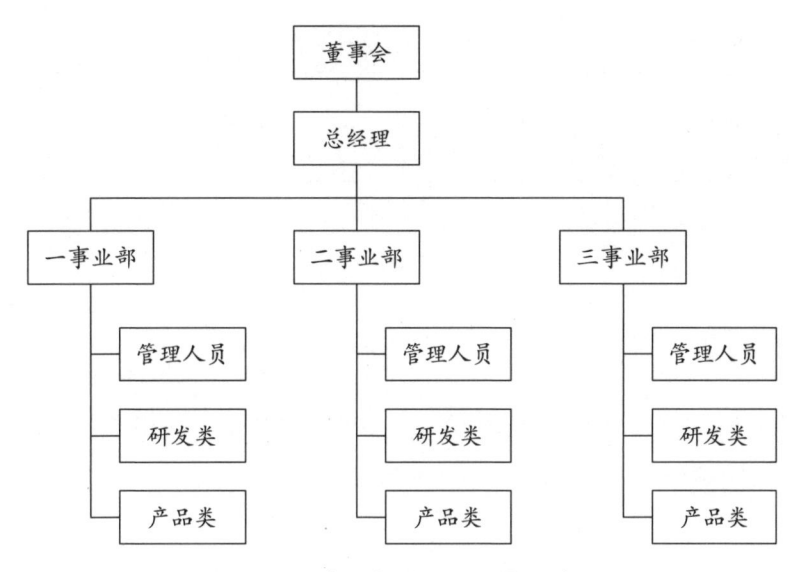

图 17-5　事业部型组织架构示意图

三、组织建设说明书

《组织建设说明书》是企业组织建设的重要管理指南，一般而言，公司组织架构拟定后要明确各部门职责及岗位职责，明确岗位职责有利于规范员工的行为，规范清晰的岗位职责也是考核员工绩效的重要依据。

《组织建设说明书》是组织架构和任命文正式发布后，需要各业务单元继续落实的文件，主要包括岗位设置、管理责任、管理流程和管理权限等，文件核心目的是提升内部管理效率。

公司所有部门的《组织建设说明书》可汇总为《组织建设说明手册》，如表 17-1 所示。

表 17-1　组织建设说明书

部门定位			
岗位设置	岗位名称	关键职责	工作目标

续表

岗位设置			
部门职责	1. 2. 3. 4. 5.		
部门内部工作流程	提示：如果部门内部有《岗位管理规范》可以引用。		
部门间协作流程	依据《××××管理制度》执行。		
审核与批准	起草：	审核：	
	审批：	20 年 月 日	

四、组织管理诊断

要做好组织建设，组织诊断是一项非常重要的基础管理工作。简单来讲，组织诊断是指在对组织发展战略、组织架构、协同流程、管理机制、企业文化、人才发展等多种关键因素综合考评的基础上，确定组织是否需要变革以及怎么推动变革。

对于组织诊断过程中发现的内部或者外部问题，要认真分析深层次的原因究竟是什么，这就需要科学的组织诊断工具，运用诊断工具系统发现问题，分析问题根源，最终全面解决组织问题，推动组织健康可持续发展。

组织诊断是一个业务目标重新聚焦的过程，要根据公司业务目标匹配组织各项管理工作，目前业界常用的组织诊断工具有麦肯锡7S模型和韦斯伯德六个盒子模型等。

我们简要介绍一下麦肯锡7S模型，以便大家对组织诊断有一个概要的了解，如图17-6所示。

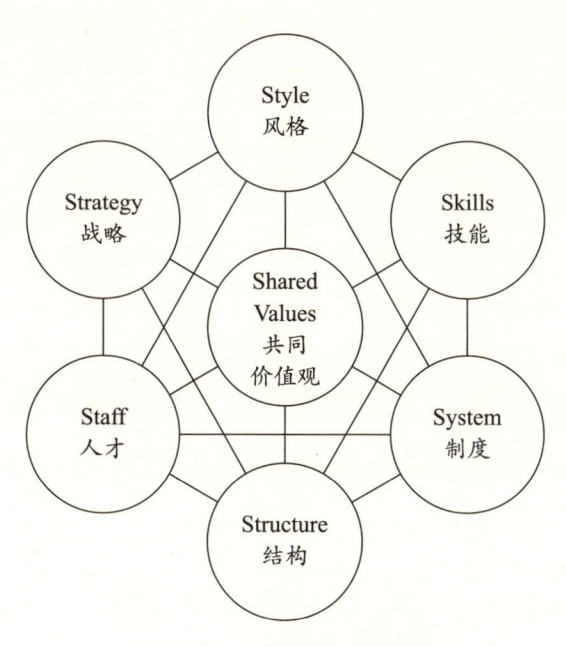

图 17-6　麦肯锡 7S 模型

- 战略（Strategy）：根据企业内外部经营管理环境，为实现企业可持续发展，对企业发展目标以及要达到目标的路径做出清晰的规划。企业战略是制定企业规划和年度计划的重要参考依据。

- 结构（Structure）：组织结构是企业组织的构成形式，为战略实现提供全面支撑。组织结构是将企业目标、部门、岗位、协同机制、流程等组织要素有效排列组合。

- 制度（System）：企业制度是企业赖以生存的体制基础，企业发展过程中必须制定一套健全而科学的管理制度。企业管理制度是企业为追求最大效益，在管理实践活动中制定的各种带有强制性的义务，并能保障一定权利的各项规定。

- 风格（Style）：主要包括领导和管理风格、文化风格、做事方式、沟通效率以及工作态度等方面。通常企业管理风格会直接或间接地表现给内部和外部的合作伙伴、客户等群体，对企业的发展有重要影响。

- 人才（Staff）：人才是企业战略实施的关键，员工维度主要关注员工数量、质量、结构、综合能力、岗位与员工能力匹配性以及人才发展潜力等方面。

- 技能（Skills）：技能反映了组织的核心能力及核心竞争力，企业能力需要长期的沉淀和积累，如企业科研能力、产品营销能力以及流程管理能力等。
- 共同价值观（Shared Values）：价值观是组织的核心驱动力，主要体现在企业文化方面，具有引导、约束和激励等作用，企业文化对于激发员工热情、规范员工行为都具有非常重要的作用。

要想用好麦肯锡7S模型必须明确七大元素之间需要协同匹配和强化。通过这个模型做好组织管理诊断，最终要识别出在特定战略目标之下哪些要素需要持续调整和优化。

> **小贴士**
>
> OD是非常专业的领域，作为人力资源工作者尽早了解和掌握是一件非常有意义的事情。
>
> OD是组织变革的手段，也是组织变革的目的。OD在推进过程中需要企业高管牵头，整合内外部资源才能有效落地。OD在推进过程中不能只考虑组织方面的问题，更应从战略、业务、组织、文化、人才、机制等多方面进行系统思考。
>
> 限于篇幅，本章只对最常用的管理知识做概要介绍，感兴趣的读者可自行深入学习。

第十八章

人才培养与发展

本章导读

- 人才选拔有哪些主要原则?
- 如何规范人才选拔的流程?
- 如何构建胜任力评价模型?
- 人才培养机制模式有哪些?
- 人才选拔培养有哪些风险?

近年来越来越多的企业在管理中意识到，单靠培训难以系统性打造人才梯队、提升人才整体胜任力，而人才发展（Talent Development，TD）被逐渐提升到企业战略的高度。

人才发展是基于组织目标战略性地发展员工技能，是组织可持续发展的基础。人才发展对于组织效能的提升具有举足轻重的作用。

人才发展专注于企业发展战略规划、选择和实施，以确保组织现有和未来的人才供应满足战略目标，并确保发展活动与组织人才流程相一致。

一、管理目标

目标1　确保组织现有和未来的人才供应满足战略目标

目标2　构建持续提升企业核心能力的学习发展文化

目标3　识别关键人才并做好核心人才培养和梯队建设

图 18-1　人才培养与发展的三大目标

二、制定人才发展规划

企业要做好人才发展管理最关键的是制定短期或中长期《人才发展规划》，人才发展规划的主要内容包括以下几项。

1. 清晰的人才战略

人才战略的本质是一种战略资源，其核心是培养人、吸引人、使用人，企业要依据发展战略制定清晰的人才发展战略。

2. 人才发展理念

人才发展理念是企业重视人才、爱护人才、合理开发人才、使用人才、留住人才、提升人才的指导思想和价值观念。

3. 人才分类定义

对于企业而言，人才是指具有一定的专业知识或专门技能，进行创造性劳动并对社会作出贡献的人，是人力资源中能力和素质较高的劳动者。

4. 岗位人才质量标准

根据岗位胜任力模型构建不同岗位的人才画像，清晰定义人才质量要求。

5. 人才需求数量

根据企业发展战略，清晰描述支持企业发展战略需要的各类人才数量。

6. 人才选用育留机制

对人才招聘、使用、激励和挽留，公司要制定清晰的管理策略。

7. 人才激励机制

针对管理干部任免、人才绩效考核、薪酬福利激励以及人才淘汰等制定清晰的管理机制。

8. 核心人才培养规划

针对公司最核心的人才培养，要制定不同岗位类型人才的培养路径、培养模式、内部导师制和培训课程体系设计等。

9. 人才选拔机制

人才选拔与培养是人力资源开发的核心内容，人才选拔是指企业为了发展战略的需要，根据人力资源规划和职务分析的要求，寻找吸引那些既有能力又有兴趣到本企业任职的人员，并从中挑选出适宜人员予以录用的过程，以确保企业的各项活动正常进行。

10. 人才梯队建设

人才梯队建设就是当现在的人才正在发挥价值时，企业必须未雨绸缪地培养该批人才的接班人并做好人才规划和储备，以便这批人才变动后能及时补充顶替上去。人才梯队建设的目的很简单，就是最大限度地避免企业核心人才队伍发展过程中出现断档。

三、构建人才标准

在企业构建人才质量标准过程中，经常用到的工具是"胜任力模型"。

"胜任力"这一概念最早是在1973年由美国心理学家大卫·C.麦克利兰提出。这一概念提出的背景是：组织在人员甄选中采用传统的智力测验和性向测验、学校的学术测验及等级分数等手段，不能预测其从事复杂工作和高层次职位工作的绩效，或在生活中是否取得成功。

在胜任力的研究中有两个非常有名的模型：一个是冰山模型（见图18-2），另一个是洋葱模型（见图18-3）。

1. 冰山模型

图 18-2　胜任力冰山模型

冰山模型同样是由麦克利兰最先提出的，他把胜任力形象地描述为漂浮在水面上的冰山，其中冰山露在水面以上的部分是技能与知识，属于表面性胜任力，是容易观察到也容易改变的；而深藏于水下的依次是社会角色、自我形象、特质与动机，是不容易观察到也不容易改变的，它们是个人驱动力的主要部分，也是人格的核心能力，可以据此预测个人工作上的长期表现。

2. 洋葱模型

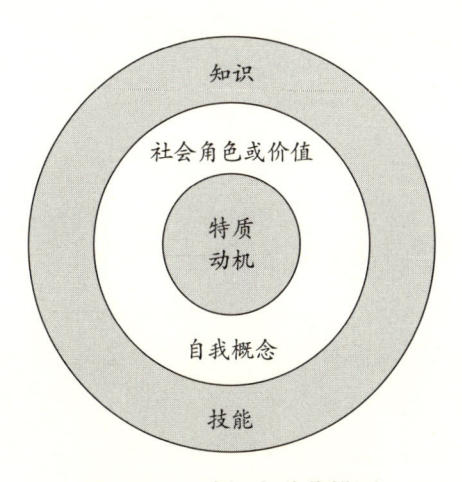

图 18-3　胜任力洋葱模型

221

洋葱模型是由美国学者 R.博亚特兹在对麦克利兰的胜任力理论进行深入和广泛研究基础上提出的，他把胜任力比喻成一个洋葱，最表层是知识与技能，也是最容易观察和改变的；再里层是自我概念、社会角色或价值，是不易观察和改变的；最核心的部分是特质与动机，是胜任力中最难以观察和改变的。

> **小贴士**
>
> 俗话说"知人知面不知心"，冰山模型与洋葱模型都说明胜任力是由不同部分构成的，是有层次的。这些部分有的与生俱来，且表面上观察不到，也难以通过后天学习或培训改变；有的不是天生的，可以通过各种方式观察到，也可以通过后天不断学习积累形成与改变。

所谓胜任力，是指在特定工作岗位、组织环境和文化氛围中有优异成绩者所具备的任何可以客观衡量的个人特质。这些特质包括知识、技能、自我感觉、人格特质以及背后动机等。

随着"人"日益成为企业经营管理的核心资源，随着对人的内在素质，包括知识、技能、行为、个性趋向、内驱力等因素与工作绩效之间联系的研究日益深入，基于胜任力模型的人力资源管理越来越受到理论界及实践界的关注。胜任力模型将企业的核心能力与员工素质相结合，以行为语言方式进行描述，为完成关键员工的选、用、育、留提供了依据，以人力资源的不断增值实现企业的持续成长。

> **小贴士**
>
> 胜任力和任职资格的区别：
> （1）胜任力是区分绩效优秀者与绩效一般者之间差异的最显著特征，可理解为胜任某岗位或承担某项任务的最高标准。
> （2）任职资格是进入某岗位或承担某项任务的基本要求，可以说是一般标准或最低标准。也就是说，对于同一个岗位或同一项任务，它的胜任力要求和任职资格要求是存在高低差异的。

简单举例说明：沟通是销售经理需要具备的能力，在任职资格中对该能力的要求为3级，那么胜任力要求的就可能是4级（4级高于3级），即一个人如果具备3级的沟通能力，则他基本可以完成销售经理的工作（一般绩效），但如果他具备的是4级的沟通能力，那就会比一般销售经理工作完成得更好、更出色，这是典型的优秀绩效要求。

3. 构建胜任力模型的步骤

（1）确定胜任力模型建立的依据和准则

一个有效的胜任力模型必须与企业的战略发展目标、核心竞争力对员工素质的要求有关联，所有胜任力模型的建立必须以支撑企业目标实现为最终目的，而不是单纯总结过去的成功经验，为建立模型而建立模型。因此在构建胜任力模型时，要考虑胜任力模型对企业战略目标的有效支持。

（2）定义绩效的标准

绩效标准一般采用工作分析小组共同讨论的方法来确定，必要时可让相关专家给予支持，绩效标准最终要提炼出每个职位（岗位）工作优秀员工与工作一般员工的标准。

（3）选取分析样本

根据岗位要求，分别从绩效优秀和绩效普通的员工中随机抽取一定数量进行调查，统计有效性。

（4）获取样本有关胜任力的数据

常见可采用的方法包括行为事件访谈法、专家访谈法、问卷调查法，最常见的简单有效的方法是行为事件访谈法。

小贴士

行为事件访谈法是一种开放式的行为回顾式调查技术，类似于绩效考核中的关键事件法。它要求被访谈者列出他们在管理工作中发生的关键事例，包括成功事件、不成功事件或负面事件各3项。在行为事件访谈结束时，最好让被访谈者自己总结一下事件成功或不成功的原因。

（5）建立胜任力模型

提炼胜任力的关键特征，对优秀组和普通组的要素指标发生频次及相关的程度统计指标进行比较，找出两组的共性与差异特征，根据不同的主题进行特征归类，并根据频次的集中程度，最终提炼出最核心的素质要素。

（6）验证胜任力模型应用

建立以胜任力模型为核心的胜任力评价体系是应用胜任力模型的关键，没有评价体系的胜任力模型是虚的，在胜任力应用过程中不要求一步到位，可采用各个击破顺势铺开的应用原则。

> **小贴士**
>
> 测评与胜任力模型的关系：胜任力模型是企业建立用人制度的标准，测评是按照标准识人的方法，两者结合才能做到知人善任。胜任力模型必须与测评对接才能发挥其功效，测评必须依据一定的标准才能做到科学识人。测评和胜任力模型是企业科学人才管理的两个密不可分的重要环节、工具和方法。
>
> 选择正确的人才测评工具更是胜任力模型应用的关键，人才测评以现代心理学和行为科学为基础，通过心理测验、面试、情景模拟等科学方法，对人的价值观、性格特征以及发展潜力等心理特征进行客观的测量与科学的评价。
>
> 现行通用的测评方法主要有心理测评、情景模拟、公文筐测试（也称公文测验）、无领导小组讨论、360度测评等。

（7）胜任力评估

每年公司人力资源部要组织对核心骨干和管理干部进行胜任力评估，并将评估结果和职位任免、薪酬福利挂钩。对于表现不佳者要找到差距，落实人才培养具体方案。

评估结论：参见表18-1《胜任力评估表》。

表 18-1　胜任力评估表

评估结果	评估指南
表现突出	被评估者有非常显著的表现
达到要求	被评估者达到了预期的目标期望或要求
尚待提高	被评估者的表现与期望、要求尚存在一定的距离
未达要求	被评估者与预期的目标期望或要求存在比较大的差距
不适用	该项技能对于被评估者来讲是不适合或不适用的

（8）验证并修正胜任力模型

验证胜任力模型可以采用回归法或其他相关的验证方法，采用已有的优秀与一般的有关标准或数据进行检验，关键在于企业选取什么样的绩效标准来做验证。

（9）建立胜任力模型库

将经过反复验证有效的胜任力模型纳入公司的胜任力模型库，为将来员工的招聘、薪酬、绩效、培训以及职业生涯规划等工作提供客观依据。

【范例】如何建立胜任力模型？

岗位胜任力模型是一个人胜任岗位应具备素质的综合，主要包括教育背景、知识、技能、职业素养等。常见可参考的胜任力模型有：

• 公司领导的胜任力模型样例

表 18-2　公司领导的胜任力模型样例

分类	考察要点	要点说明
技能	规划能力	确定长期目标和策略，根据任务的重要性来分配资源，对下属工作安排得井然有序
	客户意识	以客户满意度为中心，通过满足客户需求挖掘客户价值
	激励技巧	使用讲道理、谈价值观、激发情感等技巧去影响他人，激起员工的工作热情和完成任务目标的责任感

续表

分 类	考察要点	要点说明
技 能	分析问题	问题分析准确到位，能找到问题的关键
	充分授权	向直接下属分配职责并给他们自主决定的权利以开展工作
	解决问题	发现问题后能果断地采取行动，解决问题思路清晰
知 识	管理知识	具有企业管理的基本运作常识，包括人力资源管理知识等
	财务知识	掌握公司财务管理的基本常识
	市场知识	掌握市场分析的基本知识
	业务知识	熟练掌握公司的业务
个 性	战略眼光	对公司未来发展战略和业务目标能做出清晰的判断，具有高瞻远瞩的眼光
	工作激情	始终战斗在最前线，对工作充满激情
	抗压能力	具有非常强的抗压能力，重压之下毫无惧色
	胸怀大度	做事大气，胸怀大度，不喜欢斤斤计较
	做事果断	做事从不优柔寡断，当机立断，不喜欢拖延
人 脉	关系网	广泛的人际关系网络，为公司发展提供良好的关系资源

• 财务工作人员的胜任力模型样例

表18-3　财务工作人员的胜任力模型样例

分 类	考察要点	要点说明
知 识	财务知识	充分运用财务知识来完成自己的任务
	财务技巧	掌握财务管理的技巧
技 能	信息沟通	沟通信息并让他人也参与到解决问题和进行变革的过程中来
	合作意识	了解各个部门面临的财务问题，和各部门建立伙伴关系，互相支持
	服务意识	为各部门和员工提供优质的财务服务
个 性	有效沟通	通过多种方式和相关人员进行充分沟通
	处事灵活	当遇到特殊困难或问题时，能采用灵活的解决措施

• 销售工作人员的胜任力模型样例

表 18-4　销售工作人员的胜任力模型样例

分类	考察要点	要点说明
技能	销售技能	掌握通用的销售技巧，深刻把握客户需求，达成交易
	销售策略	掌握销售策略，这种策略有助于双方战略目标的实现
	客户意识	对客户需求灵敏，掌握如何提升客户满意度的技巧
	解决问题	对于客户提出的刁难问题也能巧妙解决
知识	财务知识	掌握财务方面的基础知识，如销售利润率的计算方式等
	市场知识	深刻把握市场趋势以及这些趋势对行业、客户、市场和竞争对手的各种影响
	业务知识	熟练掌握公司业务，善于向客户推销公司的产品
个性	成功欲望	具有强烈的成功欲望，在销售取得业绩时有强烈成就感
	抗压能力	承受销售任务时具有很好的抗压能力
	做事果断	能够把握销售的火候，掌控销售局势，关键时刻决策果断
	自立自强	在极少的支持和赞许下，也能长期独立地工作，掌握主动权，积极行动，并享受个人成功的果实

【特别提示】上述内容仅供参考，最终要根据企业实际情况制定。

四、核心人才培养

人才培养指对人才进行教育培训的过程。被选拔的人才一般都要经过培养训练，才能成为各种职业和岗位要求的专门人才。人才培养是多层次的，包括高级经营人才的培养，职能管理人才、专业技术人才的培养，基层管理人才的培养等。

1. 人才培养方式

人才培养的方式非常多，对于企业需要的复合型经营管理人才可采取宽口径培养模式，即采用轮岗工作＋在职学习＋继续教育多种培养方式相结合的方式进行培养；对于技术型人才可采用专业培训、在职报考技术类学历深造等方式进行培养；对于普通员工可采用企业内部导师传帮带的方式进行培养；对于多数员工还可采取业余教育、脱产或不脱产的培训班、研讨班等形式，充分利用成人教育、业余教育、电化教育等条件，提倡并鼓励自学成才。

2. 基于胜任力模型的人才培养

人才培养的经典思路是，根据胜任力评价模型确定素质差距，分析素质差距的根源，制订培训计划和培养计划。基于胜任力分析设计的培训，是对员工进行特定职位所需的关键胜任特征的培养，培训的重点内容是高绩效者比普通绩效者表现得更突出的特征，培训的目的是增强员工取得高绩效的能力、适应未来环境的能力和胜任力发展潜能。

国内外应用实践研究表明，在不同行业、不同文化环境、不同职位中的胜任特征模型是不同的。这就要求企业在确定某一职位的胜任力模型时，必须从上往下进行分解：

（1）由企业使命确定企业核心战略能力；

（2）由企业核心战略能力确定企业业务发展需要的能力；

（3）由企业业务发展需要的能力确定职位需要的胜任力。

> **小贴士**
>
> 　　将胜任力模型置于"人—职—组织"匹配的框架中，根据各特定职位需要的胜任力，找出它们中比较共同的胜任特征，然后进行归类汇总，据之确定培训内容和培训方法，开发培训课程和人才培养的具体方案。

表 18-5　销售人才培养方案

分类	考察要点	存在主要差距	培养计划	预期目标
技能	销售技能			
	销售策略			
	客户意识			
	解决问题			
知识	财务知识			
	市场知识			
	业务知识			
个性	成功欲望			
	抗压能力			
	做事果断			
	自立自强			

采用上述基于胜任力评价的方法可使得各种培训非常有针对性，上述差距分析同样适合其他类别的人才培养。

五、管理风险

表 18-6　人才培养与发展管理中的风险防范

风险描述	发生概率	主要防范措施
人才战略偏离经营管理目标	大	人才发展要与人力资源管理战略目标相适应，符合经营战略的需要，不能为了培养人才而培养人才
过于依赖胜任力模型	大	人才质量标准可以提炼并构建适合公司发展的胜任力模型，但是如果严格按照模型招聘人有可能无人可选，模型要不断优化，适合公司的才是最好的

续表

风险描述	发生概率	主要防范措施
人才选拔任人唯亲	中	人才选拔过程要构建公正的选拔机制，做到"能者上、平者让、庸者下"，同时建立相应的监督机制
人才培养随意性	中	人才培养过程必须对不同人才建立不同的人才培养体系，不同人才要考虑培养成本和性价比

第十九章
企业文化管理

本章导读

- 企业文化的最核心目的是什么?
- 企业文化建设分哪些层次开展?
- 企业文化的最核心价值在哪里?
- 企业文化主要有哪些核心功能?
- 企业文化建设主要流程是什么?
- 如何让企业文化建设充分落地?
- 企业文化与文化建设有何关系?
- 企业文化建设有哪些常见误区?
- 企业文化建设有哪些常见风险?

谈起企业文化，很多人第一印象要么感觉很虚，要么感觉很深奥，在实际管理工作中，或者很难下手，或者最终做成的事情严重偏离方向。事实上，企业文化作为企业制度管理的有机补充，和企业制度同样非常重要。

众所周知，一个人的价值观决定观念，观念决定态度，态度决定行为，行为决定结果，结果决定绩效。对于企业而言也一样，如果每个人的价值观念不一样，那么企业管理就不会形成管理的合力和凝聚力，而企业文化的价值就在于将员工的价值观凝聚为一股合力。

企业文化或称公司文化，指的是企业在发展过程中形成、在全体员工当中共同分享的企业价值观、经营理念、信仰、管理作风和行为规范的总称，是企业在经营管理过程中创造的具有本企业特色的精神财富的总和。企业文化的核心作用是对企业员工形成感召力和凝聚力，包含价值观、最高目标、行为准则、管理制度、道德风尚等内容。其核心目标是最大限度地统一员工意志、规范员工行为、凝聚员工力量，为企业发展战略目标提供有力的精神动力支持。

一、管理目标

目标1	统一价值观与经营理念，增强企业凝聚力
目标2	让企业发展形成合力，不断提升企业绩效
目标3	提升企业影响力，提升企业最佳雇主形象

图19-1　企业文化管理的三大目标

二、企业文化层次

企业文化建设包括四个层次，如图 19-2 所示。

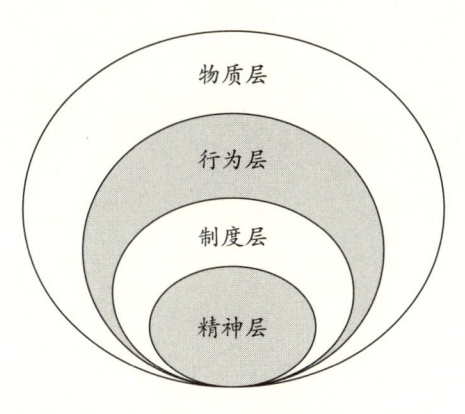

图 19-2　企业文化建设的四大层次

- 物质层：细微之处诸如企业 VI（视觉设计）、名片、办公布局和横幅等；
- 行为层：员工行为规范、待人接物和礼仪；
- 制度层：公司各项管理制度、业务流程是否体现企业文化特色；
- 精神层：企业愿景、使命、核心价值观以及经营管理理念等。

根据企业文化的定义，其内容是十分广泛的，但其中最有企业特色的要点包括：

（1）经营哲学：也称企业哲学，是一个企业特有的从事生产经营和管理活动的方法论。

（2）核心价值观：是指一个人对周围客观事物的总评价和总看法。一方面表现为价值取向、价值追求，凝结为一定的价值目标；另一方面表现为价值尺度和准则，成为人们判断事物有无价值及价值大小的标准。

对于一个企业而言，只有在共同的价值准则基础上才能产生正确的价值目标，有了正确的价值目标才会有奋力追求价值目标的行为，企业发展才能形成管理的合力。

> **小贴士**
>
> 　　企业发展光靠制度远远不够，长久来看，企业文化会影响企业的核心竞争力和战斗力，是企业管理工具中超越组织架构、制度、流程等有形工具的终极管理支撑。
>
> 　　企业价值观决定着职工行为的取向，关系企业的生死存亡。只顾企业自身经济效益的价值观，不仅会影响企业形象，而且长远地讲会损害企业利益；只顾眼前利益的价值观，就会导致出现大量急功近利的短期行为，使企业失去发展的后劲。

　　(3)企业精神：指企业员工所具有的共同内心态度、思想境界和理想追求。它表达着企业的精神风貌和风气，是企业的灵魂。企业精神是企业文化的核心，在整个企业文化中处于支配地位。

　　(4)企业形象：指人们通过企业的各种标志而建立起来的对企业的总体印象。企业形象是企业通过外部特征和经营实力表现出来的、被社会认同的企业总体印象。由外部特征表现出来的企业形象称表层形象，通过经营实力表现出来的形象称深层形象，它是企业内部要素如员工素质、管理水平、产品质量等的集中体现。

　　(5)企业使命：指企业在社会经济发展中所应担当的角色和责任，是企业的根本性质和存在的理由。企业使命具体地表现为企业在社会经济活动中的身份或角色。

> **小贴士**
>
> 　　通过企业文化的定义，我们归纳出企业文化是企业价值观、企业精神和行为规范。
>
> 　　企业文化不等于丰富员工的业余生活，不等于聘请"高人"加盟企业，也不是简单的员工统一工作服或在媒体上宣传本企业，更不是企业口号。

三、企业文化价值

在企业中,不同的文化背景使每个人的价值观念存在一定的差异。虽然对企业管理而言,构建有效的治理架构、制定健全的规章制度等硬性因素可以起到很好的管理作用,但是其只能解决一部分管理问题,企业文化作为一种软性管理因素,对于成功的企业管理而言也是必不可少的,其必要性具体表现为:

1. 制度和命令无法控制所有行为

在企业管理过程中,管理的对象是人,而人又是有思想的,每个人的活动都有一定的主观能动性,所以对人的管理不仅涉及对人的行为的命令,还应包括对人的价值观和思想的教导。

在企业管理中,企业可以以命令和计划的形式对员工的行为加以调控。通过制订计划、发布命令,企业可以要求员工采取什么行动、避免什么样的行为,并可以以制度的形式确定下来。谁的行为符合企业期望、谁违背规章制度,企业都可以根据规定给予奖励和惩罚,从而起到调控大部分员工行为的作用。

而员工的思想则与行为不同,它具有无形性,看不见、摸不着,单凭命令和计划,根本无法对员工的思想进行调控。企业可以命令员工去做某件事,但不可能命令员工对此没有一点意见,更不可能让员工充分发挥工作主动性,因此员工的工作效率也往往很难得到保证。这时就需要发挥企业文化的作用,改造员工思想,使员工的个人价值统一于企业的核心价值观。

2. 规章制度无法完全规范员工全部行为

任何管理制度绝对不是万能的,任何企业都不可能制定出包罗万象且天衣无缝的制度。建立健全的规章制度,也只能调控员工大部分的行为。在企业管理中,规章制度的修改往往难以紧跟客观形势的变化,在规章制度无法调控的领域,员工就会根据自己的思想和价值观来决定行动,因此企业文化建设十分重要。

3. 监督的缺陷

规章制度只有在员工行为具有可监督性时，才能发挥有效的调控作用，但员工的行为客观上讲是多种多样的，企业要掌控全体员工的一切行为几乎是不可能的。最有效的方法还是利用企业文化的力量改造员工的价值观和理念，形成共同的价值观、经营理念和行为准则，让企业成员自觉调控其不能被制度约束的行为，使自己更加符合企业的发展要求。

四、企业文化功能

企业文化对于企业具有以下五大功能：

- 引导功能

引导功能就是企业文化会引导企业员工的态度、性格、心理和行为，使员工潜移默化地接受本企业的企业文化。

- 凝聚功能

通过企业文化可以融合员工的价值观和信念，培养和激发团队意识，让员工产生对工作的自豪感和责任心，增强对企业的认同感和归属感。

- 激励功能

公司文化倡导的核心价值观和理念，为员工提供了良好的激励标尺，员工的贡献受到肯定，将会产生极大的荣誉感和责任心，自觉地努力。共同的价值观念使每个职工都感到自己努力奋斗的价值。

- 约束功能

任何企业都不可能彻底靠制度来解决一切管理问题，企业文化无形的、非正式的、非强制的价值观和理念对员工的思想和行为起约束作用，企业文化的约束功能主要是通过完善管理制度和道德规范来实现。

- 传播功能

企业文化会让员工深刻体会到工作本身的价值和意义，而不仅仅将其作为谋生的手段。此外，企业文化建设关系到企业的知名度、忠诚度和品牌美誉度，企业文化传播对树立企业在公众中的形象具有非常重要的价值和作用。传播优秀的企业文化对社会文化的发展能产生很大影响，会引导企业走向"最佳雇主品牌"的方向。

> **小贴士**
>
> 美国管理学家托马斯·彼得斯和罗伯特·沃特曼在《追求卓越》一书中指出："我们研究的所有优秀公司都很清楚它们的主张是什么，并认真建立和形成公司的价值准则。事实上，一个公司缺乏明确价值准则或价值观念不正确，我们则怀疑它是否有可能获得经营上的成功。"

五、企业文化建设流程

企业文化建设需要一个漫长的过程，但是其核心的总路标是：在潜移默化中通过员工思想变为行动，通过行动变成习惯，通过习惯变成文化。

企业文化建设的主要流程如下：

1. 企业文化建设评估

企业要建设什么样的文化是需要客观评估的，通过《企业文化建设诊断表》中可衡量的指标进行自我诊断，如表19-1所示。

表 19-1 企业文化建设诊断表

类 别	诊断指标	指标说明	诊断结果
核心价值观和管理理念	愿景使命	企业是否制定清晰的发展愿景和使命	
	企业战略	企业经营业务和发展战略定位是否存在明显问题	
	管理理念	内部客户是否像外部客户一样取得尊重	
	价值标准	企业在经营管理过程中是否制定清晰的价值准则	

续表

类　别	诊断指标	指标说明	诊断结果
企业管理	行为规范	企业是否制定员工行为规范	
	管理阻力	企业管理体系内部是否存在巨大黏滞力和阻力	
	内部沟通	内部沟通是否通畅，协调成本是否很高	
员工行为	员工行为	员工和企业的短期行为是否严重	
	成就感	员工对企业是否怀有自豪感、责任感和成就感	
	员工状态	员工工作积极性如何，对公司和个人前途是否感到渺茫	
管理制度	制度制定	现有制度是否和行为规范要求相矛盾	
	制度宣贯	是否体现企业文化特征	
	制度执行	对于严重违反企业文化的行为是否有纠正	
团队精神	团队协作	是提倡团队合作还是特立独行	
	团队矛盾	团队遇到矛盾该如何处理	
	团队沟通	与管理者、其他团队或客户信息交流的程序和要求是什么	
劳动关系	劳动关系	企业和员工劳动关系是否和谐	
领导文化	带头文化	公司领导在倡导企业文化方面是否身体力行	
企业形象	企业形象	企业品牌、企业形象是否很好	
	雇主品牌	企业在外部的雇主形象是否很好	
	……	……	

2. 根据现状查出企业文化建设问题

按照上述诊断表，系统分析企业战略、管理阻力、理念传播、内部沟通、员工行为等各个环节存在的问题，找到问题的本质，提出对应的解决策略。

表 19-2　企业文化建设问题排查及解决策略总结表

典型问题	解决策略	具体行动计划
愿景使命	高层研讨会	人力资源部组织研讨会
核心价值观	高层研讨会	人力资源部组织研讨会
管理理念	高层研讨会	人力资源部组织研讨会
行为规范	制定《员工行为规范》	人力资源部制定，之后组织评审
管理制度	完善与企业核心理念不一致的制度	人力资源部组织完善，并在组织评审后发布
企业文化宣贯	确定实施的载体	
……	……	

关于企业文化实施的载体，这里需要特别说明一下：

表 19-3　企业文化实施载体总结表

主要载体	备注
《企业文化手册》	建立公司统一的《企业文化手册》并宣贯
企业内刊	企业内刊突出宣传公司的核心价值观和管理理念，树立典型
公司内网	与内刊配合
展示栏	宣传公司的企业文化
企业宣传手册	宣传公司的企业文化
企业管理制度	突出企业文化特色
通信载体	比如电子邮件等
……	

关于企业文化宣贯形式，可见表 19-4。

表 19-4　企业文化宣贯形式总结表

主要形式	备　注
各种会议	在会议的点滴之处体现企业文化
年度表彰	体现公司独特的企业文化
福利活动	体现公司独特的企业文化
周年庆典	突出企业优秀的文化历史
文化宣传月	突出企业文化宣传特色
调查或访谈	树立符合企业价值观的典型
新员工入职	必须培训企业文化内容
……	

3. 完成《年度企业文化建设方案》

企业文化建设方案核心要点：

- 企业文化存在问题；
- 问题对应解决方案；
- 企业文化建设主要内容；
- 管理机制（责任权利）；
- 监督改进。

其中,《年度企业文化建设方案》要特别突出的一点是各级员工的行为修正。

表 19-5　年度企业文化建设方案

类　别	备　注
高层领导行为检查与改进	• 企业核心价值观 • 高层团队的凝聚力 • 企业经营理念宣贯 • 维护企业文化一致性 • 对内对外宣传企业文化 • 创造良好的沟通氛围 • 贯彻企业以人为本理念 • 企业对人才的理念 • 处处以身作则

续表

类 别	备 注
中层管理者	• 企业理念的贯彻执行 • 培育下属 • 激励鼓舞下属 • 塑造团队凝聚力 • 以身作则 • 企业文化宣贯 • 运用奖惩
基层管理者	• 指导下属 • 发扬团队精神 • 畅快沟通 • 弘扬企业文化 • 典型人物素材提供
员工	• 认同企业文化 • 工作体现文化 • 不断总结提高 • 持续学习 • 维护文化

4. 年度企业文化建设总结

年度企业文化建设是否达标需要系统总结。

5. 下年度《年度企业文化建设方案》

在上年度企业文化建设总结的基础上，提出下年度建设方案。

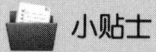

小贴士

企业文化建设过程中必须有针对性，以循序渐进的方式来开展，不能"眉毛胡子一把抓"。企业文化实施方针是"循序渐进、以人为本、积极引导、务实有效"。

六、经典案例

下面我们选取几个在企业文化方面具有鲜明特色的企业做一些简要介绍。

1. 惠普公司

- 我们信任并尊重个人；
- 我们关注高层管理的成就和贡献；
- 我们坚持诚实经营、毫不妥协；
- 我们通过团队精神来实现共同目标；
- 我们鼓励员工发挥灵活性和创新精神。

2. 通用公司（GE）

- 对客户充满热忱；
- 褒奖德才兼备，培养精英人才；
- 增长为本，放眼世界；
- 珍视每个员工、每个创意。

GE 永远推崇三个传统：坚持诚信，注重业绩，渴望变革。

3. 海尔

海尔集团董事局主席张瑞敏把海尔管理模式总结为 12 个字：兼收并蓄、创新发展、自成一家。

- 海尔精神：敬业报国、追求卓越。
- 海尔作风：迅速反应、马上行动。
- 海尔的核心价值观：创新。
- 海尔的生存理念：永远战战兢兢、永远如履薄冰。
- 用人理念：人人是人才，赛马不相马。
- 管理理念：日事日毕，日清日高。

- 质量理念：优秀的产品是优秀的人干出来的。
- 市场理念：创造市场。
- 服务理念：用户永远是对的。

《海尔文化手册》中列出了海尔人的个人修养：宠辱不惊；自强不息；得意不忘形，失意不失态；慎终如始，则无败事；胜人者有力，自胜者强。

4. 小米

小米崇尚自由平等、创新、快速的互联网文化，同时提倡全方位的服务文化，包括与广泛的客户互动、满足客户个性化定制需求、建立客户忠诚度等。

它还有一个特色的"米粉文化"：让粉丝成为小米的代言人去宣传小米的优点、维护小米的声誉。

……

（企业文化建设有鲜明特点的企业有很多，如有兴趣可在网上搜索）

> **小贴士**
>
> 推荐大家欣赏上述企业的企业文化，不是因为它们做得多么成功，而是因为上述企业的企业文化具有鲜明的特色，也就是独特性。企业文化理应具有鲜明的个性和相对独立性，因为每个企业都有其独特的文化淀积，这是由企业的生产经营管理特色、企业传统、企业目标、企业员工素质以及内外环境不同所决定的。
>
> 相反，我们经常看到很多企业常年喊口号，诸如诚信、正直……这些企业文化建设口号喊得响、做得差，使得企业文化失去最起码的建设价值。

七、企业文化建设误区

企业文化是企业的灵魂，是企业的精神支柱。事实上，任何一个企业都有自己的文化，只不过做的水平不一样。现实中，企业文化建设没有那么深奥，当然也不是很容易就能做得非常好。在人力管理实践中，很多企业文化建设存在很多误区。

【误区1】总以为自己的企业没有企业文化

任何企业都有企业文化，没有企业文化的企业是不存在的。但是，有的企业文化是自发形成的，有的企业文化是企业人为建设和推动的。

【误区2】企业文化建设和企业内部文体活动混同起来

企业文化建设是改造员工思想，文体活动则是一种娱乐活动。当然，文体活动可以成为企业文化建设的方式，成为企业文化传播的工具。

【误区3】把企业文化与企业文化建设混淆起来

企业文化是员工主流价值观念的总和，企业文化建设是一种管理行为，是对员工价值观和思想进行有意识的建设的行为。

【误区4】企业文化建设不成体系

有的企业只有核心价值观，没有子价值观。这些企业把企业文化理解为一句纯粹的口号，如"团结、求实、奋进"等，而没有相配合的子价值观，这样的企业文化最终收效不会太好。

八、管理风险

表 19-6　企业文化管理中的风险防范

典型问题	发生概率	对应措施
注重企业文化形式，忽略企业文化内涵	大	要明确企业文化是为了将企业在创业和发展过程中的基本价值观灌输给全体员工，是通过教育、整合而形成的一套独特的价值体系，将这些理念和价值观通过各种活动和形式表现出来，才是比较完整的企业文化
将企业文化等同于企业精神	大	企业文化以文化为手段，以管理为目的，渗透于企业管理的体制、激励机制、经营策略之中，并协同起作用
企业文化没有个性	大	企业文化是企业的个性化表现。事实上，企业文化没有统一的建设规范和标准，但是必须针对企业实际建立有个性的企业文化

续表

典型问题	发生概率	对应措施
领导是否起反作用	大	领导必须以身作则，起到模范作用，如果带头破坏企业文化，那么企业文化建设就失去了价值，为此在实践中必须让领导率先垂范

第二十章
员工激励

本章导读

- 物质激励如何做到适度并且有效?
- 非物质激励通常有哪些主要方式?
- 非物质激励的管理要有哪些原则?
- 物质激励和非物质激励如何有效结合?
- 如何根据员工需求层次给予激励?
- 工作热情但能力差的员工如何激励?
- 有激励如何制定清晰的约束机制?
- 员工的激励有哪些常见管理风险?

曾有学者做过调查，人在正常情况下只能发挥能力的20%—30%，而在充分激励的情况下，人的潜力发挥程度可达到80%—90%。因此，充分激发每个人的内在动力，调动其积极性、主动性、创造性，就能使人力资源不断增值。

现代企业管理的核心就是对人的管理，管理者面临的首要任务是引导和促使员工为实现企业的共同目标作出贡献。人的本性中有惰性的一面，而且每个员工进入企业的初衷与企业的目标并非完全一致。所以，运用一些激励的方法和手段来引导员工，规避和减少这种不相容性所产生的副作用，最大限度地发挥员工的潜力，建立一个良好的激励体系，这对于一个企业来说是非常重要的。

一、管理目标

目标1	通过激励不断地激发员工的斗志和士气
目标2	根据员工的不同需求层次给予不同激励
目标3	不断提高各级主管非物质激励管理艺术

图20-1　员工激励的三大目标

二、物质激励

所谓物质激励，就是通过薪酬、奖金、奖品等货币、物质形式给予员工的激励。这种方式的优点是激励见效快，缺点是激励可持续性差。按照马斯洛需求层次理论——"已有激励不再起作用"，必须和非物质激励配合使用，确保激励持续性。

【问题讨论】

金钱是工作的动因吗？

谈到工作动力，金钱对普通工人的推动力是永远绕不开的话题。很多人认为金钱是最强有力的动力。有钱真的能使鬼推磨吗？

权威组织的理论家认为，需用"大棒加胡萝卜"政策去驱动工人工作，这种软硬兼施的手段在工业革命时代可能真的管用过。大部分持"经济人"概念的经济学家也持类似观点。但心理学家对这些观点持相反态度。他们引用一些调查作为论据说，当工人被问及判断工作的好坏，哪些因素最为重要时，"薪酬"通常位于第六位、第七位，排在安全、工作、趣味、福利等之后。而另外一些调查发现，养老金和其他利益的重要性也甚于薪金。

激励的基本原理就是如果行动与某些回报结合起来，那么这些行动就可能受到左右。工作速度就是一个例子。当以工作成果付薪时，工人们的工作会比以工作时间付薪时更加努力。这一点几乎没有人质疑。

金钱的威力是短暂的。而且在高税率国家，有形的物质比金钱更具吸引力。另外，人们过得越舒适，金钱的影响力就越小。

> **小贴士**
>
> 物质激励永无穷尽、永无止境，单纯靠薪酬激励不可能彻底解决人力管理的所有问题，必须考虑有效的非物质激励手段，否则企业会陷入运营成本越来越高的困境。

三、非物质激励的管理艺术

非物质激励方式很多，有的书本总结上百种，但是在人力资源管理实践中，最为有效的方式主要包括愿景激励、信任激励、赞美激励、批评激励、荣誉激励、晋升激励、情感激励、培训激励、竞争激励、授权激励、餐饮娱乐激励等，下面分别阐述。

方法1：愿景激励

愿景的英文为Vision（这个词汇还可翻译成美景、幻想、想象力），一个好的愿景是员工工作的内在动力。反之，如果员工在一个企业里看不到希望，就会失去奋发有为的动力。

（1）特点

- 简单易懂。
- 有吸引力。

（2）原理

- 每个人都为希望而活着，没有希望的人生是不幸的。
- 共同的发展愿景可以让人看到希望，因而具有强大的驱动力。
- 一个好的愿景可以激发员工的自豪感。

（3）技巧

- 用可见的图景来展示美好的未来。
- 展示分阶段的愿景，让大家看到愿景实现的途径。

（4）注意事项

- 不要过分"画大饼"，让员工感觉愿景很虚幻。
- 要深入研究愿景实现的可信度，包括资源投入计划等。

方法2：信任激励

（1）特点

- 让下属感受到"信任无价"的力量。
- 简单易懂。

（2）原理

- 士为知己者死，人生遇到知己和有知遇之恩的领导不容易。
- 很多员工会在意领导对自己完成某项工作后的赞扬和认可。

（3）技巧

- 信任要有度，不是无条件信任。
- 切忌走向要么轻信、要么不信任的极端。
- 信任要建立在客观公正的评价基础上。

（4）注意事项

- 信任不是轻信，而是基于对下属能力的客观评价。如果超越下属能力轻信下属，往往会适得其反。

方法3：赞美激励

（1）特点

- 人人都需要赞美和价值认可。
- 赞美激励就是一种精神激励。

（2）原理

- 适度的赞美可以满足下属的荣誉感、成就感、价值感。
- 有效的赞美可以让被赞美者在精神上备受鼓励。

（3）技巧

- 赞美激励是一门领导艺术和管理艺术。
- 作为领导，必须了解赞美可以使人成功的价值，包括尊重、平等、名誉、地位等精神方面。

（4）注意事项

- 切忌赞美一人打倒一片：赞美必须起到示范作用，而不能靠打击别人，否则被打击对象就会失去信心。
- 过犹不及：过度赞美就变成虚伪的追捧，会让员工感到不真诚。
- 不要吝啬赞美，及时认可就是对员工价值的欣赏。

方法4：批评激励

（1）特点

- 只有赞美远远不够，必须有批评。

- 简单易懂。

（2）原理

- 人都是有自尊心的。
- 有效的批评和激将，可以激起员工不服输的心理。

（3）技巧

- 对症下药：批评的要领是要抓住问题的实质，要有针对性。
- 把握火候：几句话就能解决问题的就不要多说，点到为止。
- 以理服人：批评者能否以理服人是批评是否有效的关键。

（4）注意事项

- 顾及批评对象的特殊身份：如果不便进行直接的批评，可采用含蓄的手法，在不伤害被批评者自尊心的前提下让其自我感悟，自纠其错。
- 赞美和批评相互结合：下属有了成绩，上司就应及时加以肯定和赞扬，促其再接再厉不断进步；下属有了缺点和错误，上司也应及时指出并加以批评，让其尽快知道自己的不足，否则下属不会很快进步。
- 要注意每个人的性格和习性。

> **小贴士**
>
> 批评需要掌握技巧，只要批评方法对路，往往能起到特别好的激励作用。最佳的做法是批评中带有鞭策和鼓励，要让员工感到批评是为了让他做得更好，而不是彻底否定。
>
> 批评绝不能"一竿子打死"，或者恶言恶语，否则员工就会对所从事的职业彻底失去信心。

方法5：荣誉激励

（1）特点

荣誉激励是工作业绩与职位晋级、加薪、重奖、评优选先联系起来，以一定的形式或荣誉名称定下来，主要的方法是公开表扬和奖励等。

（2）原理

- 荣誉可以成为不断鞭策荣誉获得者保持和发扬成绩的力量。

- 荣誉会对其他人产生感召力，激发"比学赶超"的动力。
- 荣誉易于产生较好的激励示范作用。

（3）技巧

- 公开奖励以起到示范效应：奖励政策要透明，奖金力度应公开，以对其他员工起到示范和鼓舞的作用。
- 业绩要公示：如果私自或偷偷奖励，员工有时候并不买账，也起不到示范作用。

（4）注意事项

- 谨防荣誉的"双刃剑"作用：有的员工将自己获得的优秀员工奖励作为跳槽或要挟公司加薪的资本。

方法 6：晋升激励

（1）特点

- 晋升对员工是一种有效的激励。
- 晋升是员工职业规划实现的关键环节。

（2）原理

- 人往高处走，水往低处流。

（3）技巧

- 公司要制定清晰的职位晋升通道：良好的职位晋升通道会让员工感到留在公司发展空间巨大，前景光明。
- 晋升员工注意及时进行业绩宣贯：对于靠业绩和能力被提拔的员工，要注意及时对其进行宣贯，引导员工奋发有为。

（4）注意事项

- 要让员工感到获得晋升的机会均等。
- 制定有效的职位任免规则。

方法 7：情感激励

情感激励就是管理者以真挚的情感，通过增强与员工之间的情感联系和思想沟通满足员工的心理需求，从而形成和谐融洽的工作氛围，激发员工的积极性、主动性和创造性。

（1）特点
- 加强对下属的关怀和爱护等情感因素，就能获得下属的回报。
- 简单易懂。

（2）原理
- 领导对于下级只要出自真诚的关心，哪怕微不足道，都是一种力量无穷的激励。

（3）技巧
- 被情感激励的下属和领导在人格上是平等的、友好的。

（4）注意事项
- 尊重每个人的尊严和个性：有些人性格顽固，对领导的任何关怀都无动于衷，这种人靠情感激励还不如靠批评激励有效。
- 注意情感激励的时机：在员工经济或生活困难、感情陷入低谷的时候，实施情感激励比较有效。
- 注意情感激励的力度：每个人自尊心不同，情感激励的力度也可不同。

方法8：培训激励

（1）特点
- 培训是提升员工技能的有效手段，很多员工对培训求知若渴。

（2）原理
- 员工不是非常容易就能获得培训机会的，只有优秀员工才可获得更多学习培训机会，因而会倍加珍惜。

（3）技巧
- 培训激励包括支持个人学习，诸如学历提升机会等。
- 建立良性的培训激励机制：绩效考评达到一定标准的人方可获得培训机会。

（4）注意事项
- 建立公平、公正、公开的考核制度：考核的目的是鉴定员工的实际技术业务能力，验证培训效果。
- 培训激励通常借助于提升晋级、加薪、职称职衔等人力资源管理制度。
- 必须考虑培训激励的有效性：要考虑培训学习机会对员工技能提升的

价值。

方法 9：竞争激励

（1）特点

- 企业发展处处依赖着竞争，员工没有竞争，企业也就没有发展。

（2）原理

- 利用员工不服输的心理，引导员工开展有效竞争。

（3）技巧

- 企业要提出挑战性目标：包括部门和负责人等的具体工作目标要清晰量化。
- 树立危机意识：作为一个主管领导，要打破员工倦怠的思维和工作习惯，树立危机意识。
- 关键职位竞聘上岗：给员工发展的空间和机会，关键职位采用竞争上岗制而非聘任制。

（4）注意事项

- 促成积极竞争而非消极竞争。
- 竞争激励要有明确的奖惩目标：要完善企业的激励机制，激励要拉开距离。

方法 10：授权激励

不管多么能干的领导，也不可能把工作全部揽过来，这样做只会使管理效率降低，下属成长缓慢。有效的授权是一项重要的管理技巧。授权过程实际上是领导者提升自己及下属工作能力的最好机会，也可借此激励下属好好表现。

（1）特点

- 授权的关键是信任，只要下属能掌握的就尽可能放手让他自己做决定。

（2）原理

- 有效授权就是对下属的信任激励。

（3）技巧

- 确立工作原则与完成标准。
- 对照标准衡量业绩。
- 及时检查纠正偏差。

（4）注意事项

- 授权激励与自我承诺要结合起来，配套使用，这样效果最佳。自我承诺不仅是一种态度，更是一种能力，下属做出承诺有时是需要压力的。

方法 11：餐饮娱乐激励

餐饮娱乐激励的方式多样，包括部门聚会、生日聚会、晚会、庆功会、旅游等。

（1）特点

- 简单实用。

（2）原理

- 欢庆能让人们有胜利者的感觉，并且营造出一种充满认同感、充满活力的部门气氛，也让我们枯燥的工作变得丰富多彩，让员工对企业有家的归属感。

（3）技巧

- 在日常工作等正式的场合下，员工都会有自我保护意识，聚会中往往能听到真话。要让员工多放松，倡导讲真话。

（4）注意事项

- 注意聚会的技巧，要让聚会成为工作沟通的良好助力，不要让员工有心理包袱。

> **小贴士**
>
> 除了上述方式以外，还有诸如个人业务承包机制、组建临时工作突击小组、生存竞争、压迫式考核、优胜劣汰、内部引入外来竞争、鼓励创新、发挥员工主要兴趣和特长、轮岗激发潜能、危机传导等多种方式。

四、激励模式组合

在人力资源管理实践中，要改变单一的激励模式，变单一激励形式为多样化激励机制。要想合理开发公司的人力资源，我们应该因时而变，建立多种合理而有效的激励机制。激励上必须采取物质激励与非物质激励（精神激励）相结合、以非物质激励为主的原则；正激励与负激励相结合、以正激励为主的原则；内激励与外激励相结合、以内激励为主的原则。

除了上述物质激励和非物质激励手段之外，主要还有以下激励方式：

（1）目标激励。在公司中，领导、中层经理和员工虽然有不同的工作内容和目标，但分工不能分割，必须将这些分工结合起来，形成统一的整体，制定各个时期的共同目标。这个共同目标的设置使大家的利益捆绑在一起，可以起到鼓舞人心的作用。

（2）管理激励。公司员工通过民主管理参与公司的重大经营决策以及与之相关的公司管理和领导作风的改善，形成一个质量比较高的工作、生活环境，这一环境将激励员工勤奋工作。

（3）人际关系激励。人际关系和谐的环境有利于提高工作能力。这是因为，人们追求目标的强烈愿望只有在良好的人际关系环境中才能实现，而且工作成果的大小也取决于集体的协作情况。所以，我们必须在公司内部组织一支和谐的团队。

（4）竞争激励。在市场经济条件下，人们的竞争意识和竞争观念日益增强，竞争既有来自外界的压力，又有内在的压力。因此，我们可以在公司的全体员工之间营造一种良性竞争氛围，这样可以激发员工争夺目标，产生相应的积极行为，从而有利于整个公司的发展。

（5）危机传导法。让企业员工感受到外部经济发展的大形势，认识到如果不努力，企业就不可能盈利，大家的利益也就无从保障。

五、激励的原则

1. 必须从人性出发来考虑

必须从人性出发，去探索人们行动背后真正的动力源泉。我们发现，危机、荣誉、使命、竞争、沟通、生存、兴趣和空间能带给人们最强大的行动力。

2. 根据不同员工需求层次给予不同激励

不同员工的需求层次不同，为此制定激励对策时必须有所针对。

表 20-1　针对不同需求层次的激励措施

需求层次	激励措施
自我实现	给予事业成长机会，鼓励创造力，鼓励成就
自尊和地位	公布个人成就，赞扬良好表现，经常给予回馈或给予更大工作责任
归属和社交	举办社交活动，组织团队
安全和保障	营造工作安全感，提供福利，提供安全的工作环境
生理需要	提供公平薪金，提供足够的休息时间，提供舒适的工作环境

此外，对于工作热情不同的员工也要区别对待。

表 20-2　针对不同员工的激励对策

类别	激励对策
高热情+高能力	重用并给这些人才充分授权，赋予其更多的责任
低热情+高能力	（1）不断鼓励、不断鞭策，一方面对其能力给予肯定和信任，另一方面给予具体目标和要求；尤其要防止这些"怀才不遇者"的牢骚和不满情绪感染公司其他员工，要及时与他们沟通 （2）对难以融入公司文化和管理模式的，干脆趁早辞退
高热情+低能力	充分利用员工热情，及时对他们进行系统、有效的培训；提出提高工作能力的具体要求和具体方法；调整员工到其最适合的岗位或职务
低热情+低能力	（1）有限作用：不要对他们失去信心，但控制所花时间，首先激发工作热情，改变其工作态度，再安排到合适岗位 （2）解雇辞退

3. 构建企业良性激励机制

员工激励是企业的一个永恒话题。成功的企业经营者在实践中认识到这样一个道理：只有将员工紧紧团结在一起，激发他们的工作热情和内在潜力，使他们把自己的智慧、能力和需求与企业的发展目标结合起来，去努力、去创造、去革新，这才是企业唯一的发展道路。

正因如此，成功的企业都十分重视激发员工的积极性与创造性，愿意花费更多的时间和精力致力于激发员工潜力，并把激励作为企业长盛不衰的法宝来看待。

4. 物质激励与非物质激励的有机结合

货币激励简单明确，但必然受财务资金预算的约束。人的需求不只是物质需求，还有很多精神需求。过多地使用货币激励容易引起员工的努力只是追求货币收入的错觉。同时，货币激励的差异化在不同的激励主体之间会引发攀比，因而可能会产生负面影响。

而非物质激励的差异化管理与货币激励的差异化管理相比有着多方面的优势：

（1）它不受财务资源的约束。非物质激励主要体现在主管对下属的关注、鼓励和有针对性的指导，特别是及时对下属工作予以认同和指导。这种激励不受时间和地点的约束，也无须财务的支撑，可以说"用之不尽，取之不竭"。

（2）它可充分体现激励的差异化。非物质激励多属精神激励，不易区分奖励的等级。这类激励针对性也特别强，可随时依据下属的工作表现或具体行为来进行。

不能说非物质激励方式肯定是最好的，但是没有非物质激励是万万不能的，在实际管理中必须将物质激励与非物质激励有机结合，互相补充运用。

5. 激励与约束并用

激励与约束有着不同的功能，但两者又是相辅相成的，缺一不可。没有激励，员工就没有积极性；同时，每个人都要对他的行为后果负责任，即他的行动要受到约束。在实际工作中，要具体情况具体分析，在激励或者约束的偏重上适当地进行均衡和选择。

6. 激励从"心"开始

说起激励，我们往往想到丰厚的奖金、豪宅、名车（此处没有俊男和美女）……所有这一切都能激发一个人努力拼搏以创造好成绩的热情。但物质上的激励所起的作用往往是短暂的，随着时间的推移，这些激励的效果会越来越差直至降为零，按照马斯洛需求层次理论，即为"已有激励不再起作用"。

> **小贴士**
>
> 作为管理者，真正高明的激励之道还是从精神上入手。即使是最平庸的人，内心也有着自尊自强的一面，要相信精神的力量是无穷的，一个人内在的激情被点燃，才能充分发挥潜力。

六、管理风险

表20-3　员工激励中的风险防范

风险描述	发生概率	主要防范措施
过于重视物质激励	大	以为只要多给报酬，员工就可以而且应该好好干，但事实绝非如此。物质激励和非物质激励都是非常重要的，要高度关注非物质激励管理艺术
愿景激励过多	大	"画大饼"太多也会"掉渣"，时间长了，员工对此失去信任，麻烦就大了。所以，愿景激励要从员工看得见摸得着的地方入手，循序渐进地给予引导和鼓励
激励方式"一刀切"	大	对于工作热情不同的员工要区别对待，以确保激励的针对性和有效性
有激励没有约束	大	有激励的同时必须制定清晰的约束机制，把二者很好地结合起来，达到激励的目的

> **小贴士**
>
> 　　员工激励是一个热门话题,很多企业对于如何做好有效的员工激励束手无策,如何通过绩效与薪酬管理让员工激励落地,企业如何采用非物质激励方式激励员工,这些都有很深的管理门道。本章中,笔者只是通过抛砖引玉的阐述让广大读者对激励管理有个概括的认识。
>
> 　　员工物质激励和绩效考核以及薪酬体系管理密切相关,笔者专著《绩效考核与薪酬激励整体解决方案》对企业激励体系总体架构设计、企业高管和团队的绩效考核与薪酬激励做了系统阐述,通过该书您能学到激励体系整体解决方案。

第二十一章
人力资源管理风险防范

本章导读

- 人力资源管理风险管控目标有哪些?
- 人力资源管理风险主要存在哪几个层次?
- 人力资源管理都有哪些常见的风险?
- 人力资源管理风险都有哪些防范方法?
- 如何有效规避人力资源管理风险?

无论是大型企业还是中小企业，无论企业 HR 做得多好，HR 从业者在企业人力资源管理实践中的底线就是"人力资源管理绝对不能出事"，这是 HR 专业化和职业化最基本的要求。

"人力资源管理绝对不能出事"看起来很苛刻，很多读者会问，HR 的各种管理问题能否防范？答案是肯定的。

一、管理目标

目标 1	全面梳理企业人力资源管理的各种风险
目标 2	建立人力资源风险防范规范的管理机制
目标 3	把人力资源管理风险彻底消灭在萌芽时期

图 21-1　人力资源管理风险防范的三大目标

二、风险根源分析

人力资源管理风险主要存在于人力资源管理的理念、制度和业务处理三个层次中。

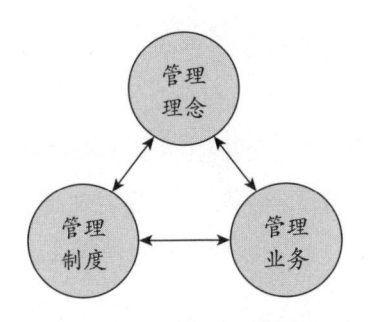

图 21-2　人力资源管理风险的三大层次

1. 管理理念

理念是企业最基本、最集中的价值取向，有什么样的理念，就有什么样的实践。

有两句话说得好，"很多中小企业文化都是老板文化""上梁不正下梁歪"。事实上，来自企业高管的管理理念对于企业用人理念至关重要。很多企业都提倡以人为本，然而有多少企业能真正做到以人为本？有的企业说一套做一套，这些都能通过日常管理点滴之处体现出来，而不仅仅停留在口号上。

2. 管理制度

人力资源管理制度设计不完善，造成人力资源管理存在各种问题。

企业建立各种人力资源管理制度必须解决两大问题：一是制度的定位问题，二是制度的全面系统性问题。人力资源管理的各项职能是一个整体的系统而不是简单的堆加，系统性的管理制度就是要使人力资源管理的各项制度，包括岗位工作分析、招聘、考核、激励、薪酬、晋升、奖惩等形成一个完整的体系。

可以说管理制度体系的缺陷是人力资源管理的最大缺陷，这个缺陷必须弥补。

3. 管理业务

人力资源管理风险具体包括用人配置不当的风险、岗位设置风险、招聘风险、绩效考核风险、薪酬管理风险、培训管理风险、员工关系管理风险以及企业文化建设风险等。

管理理念、管理制度和管理业务三者互相影响：

（1）管理理念属于企业管理意识领域，需要通过强有力的培训去改变。

（2）管理制度是保障，HR要站在企业管理的高度全面完善各项管理制度，做到制度科学、内容严谨。只有这样，才能不断提高企业管理水平。

（3）管理业务是指HR管理者要在日常业务管理中时刻绷紧风险把控的弦，做到有手段、有方法，将各项管理风险消灭在萌芽时期。

三、管理风险梳理

"防患于未然"是HR从业者必须认真对待的问题，我们要对人力资源各种风险做详细的分析，虽然不能百分百防止问题的出现，但是在很大程度上必然能够避免很多问题的出现。反之，如果对人力资源管理风险没有系统的分析和预警，管理上迟早要出事。

本书各章都有风险防范的内容，为了让广大HR读者（包括主管人力资源的各级领导）对人力资源管理风险有更加清醒的认识，本书系统梳理了人力资源常见的管理风险。

企业常见的人力资源管理风险分析如表21-1所示。

表21-1 企业人力资源管理常见风险及解决思路

类别	管控点	主要风险点	概要解决思路
员工招聘	招聘需求	招聘需求不清晰，人员需求超过人力资源规划	加强招聘需求评审，剔除无效的需求
	招聘条件设计	招聘条件不清晰造成录用条件不清晰	加强招聘需求的评审
	组织面试	面试流程混乱	规范员工面试流程
	知情权	新员工录用前能否充分沟通	本着"先小人后君子"的原则和拟录用员工做好充分沟通，避免入职后"闪电"离职
	背景调查	原单位不配合	规范背景调查的方式，多维度、多渠道调查验证
	录用审批	缺乏新员工录用审批的规则	制定好录用规则

续表

类 别	管控点	主要风险点	概要解决思路
员工招聘	发 offer	发 offer 后违约可能面临经济赔偿	公司主要领导（最好是总经理）审批后才能发放
	招聘渠道	招聘渠道有限，招聘成本高	拓展新渠道，降低招聘成本
	人才推荐	拉帮结派	规范内部推荐制度
	校园招聘	应届生面试评价好，但是实际入职后发现能力素质差	优先考虑"先实习再招聘"的方式
	……	……	……
劳动合同设计	内容设计	是否符合《劳动合同法》	认真学习《劳动合同法》
	劳动合同期限约定	劳动合同期限要和试用期匹配	认真学习《劳动合同法》
	劳动报酬约定	是否低于当地最低工资标准	认真研究当地最低工资标准规定
	保密内容约定	处罚约定条款是否符合《劳动合同法》	制定符合公司需要的劳动合同模板
	劳动合同解除和终止约定	必须严格遵守《劳动合同法》，防止劳动争议和纠纷	严格执行《劳动合同法》，制定符合公司需要的劳动合同模板
	劳动合同签订	员工以入职前很多事情没有充分沟通为由拒签劳动合同	按照《劳动合同法》规定"书面提出终止劳动关系"
	签订时间	逾期签订支付双倍工资	入职 1 个月内必须及时签订
	……	……	……
劳动合同变更	协商变更	协商变更后劳动者不认账或反悔	及时签订《协议书》
	依法变更	依法变更后劳动者不依不饶	企业合情合法，遇到问题可以申请劳动仲裁，维护企业利益
	依约定条件变更	企业和劳动者约定条款内容是否合法	企业合情合法，站得住脚就不要怕

续表

类别	管控点	主要风险点	概要解决思路
劳动合同变更	无固定期限劳动合同变更	无固定期限不等于"铁饭碗"，但是如果发生变更劳动关系的风险必须认真应对	协商解决并及时签订协议是上策
劳动合同解除	协商解除	双方协商一致解除合同反悔	及时签订《协商解除协议》
	试用期解除	如何证明新员工不符合录用条件	加强试用期考核，保留好试用期业绩证据
	严重违纪解除	如何证明员工严重违纪	详细制定并发布《员工劳动纪律管理规定》，内容越细越好，违纪要有证据
	无效合同	企业和员工签署合同无效，赔偿劳动者损失	必须赔偿劳动者因合同无效所造成的经济损失
	刑事处罚解除	员工受到刑事处罚解除合同	刑事处罚的证据要保留
	患病员工	患病处于医疗期的员工解除劳动合同的风险很大	《劳动合同法》规定，劳动者患病或者非因工负伤，在规定医疗期满后不能从事原工作，也不能从事由用人单位另行安排的工作的，用人单位可以解除合同，但是必须支付合理经济补偿金
	不能胜任工作	以劳动者"不能胜任工作"为由解除劳动合同会存在很大的法律风险	需经过培训或者调整工作岗位的程序
	"三期"员工	孕期、产期和哺乳期的"三期"员工解除劳动合同	认真学习《女职工劳动保护特别规定》，法定要求纳入日常管理制度中
	医疗期	医疗期员工不得解除劳动合同	依据《企业职工患病或非因工负伤医疗期规定》执行
	客观情况变化	如何确定"劳动合同订立时所依据的客观情况发生重大变化"	企业要慎用"客观情况变化"，遇到客观情况变化要认真分析
	老员工	如何处理工作没有激情甚至在企业起反作用的老员工	企业要善待老员工，善意引导，通过有效的考核实现客观公正的评价
	……	……	……

续表

类 别	管控点	主要风险点	概要解决思路
劳动合同终止	合同期满	合同期满随意通知员工合同不续签	劳动合同到期，企业主动提出不续签是有限制条件的。《劳动合同法》第14条规定，如果劳动者在该用人单位连续工作满10年，或者劳动者和企业连续订立二次固定期限劳动合同且劳动者没有该法第39条和第40条第1项、第2项规定的情形续订劳动合同的，劳动者提出或者同意续订、订立劳动合同的，除劳动者提出订立固定期限劳动合同外，企业应当订立无固定期限劳动合同
	合同终止提前通知	企业不续签需要提前30天提出，否则应补偿	我国《劳动合同法》对于"合同期满企业不续签是否必须提前30天提出"的问题没有非常明确规定，但是《劳动部关于加强劳动合同管理完善劳动合同制度的通知》（劳部发〔1997〕106号）第5条明确提出"……劳动合同期满前应当提前一个月向职工提出终止或续订劳动合同的书面意向，并及时办理有关手续"
	终止补偿	企业主动提出不续签必须支付经济补偿金	必须按照"N+1"模式补偿
经济性裁员	裁员条件	企业随意裁员面临仲裁或起诉	用人单位可以裁减人员的情形仅限于4种（如依照《中华人民共和国企业破产法》规定进行重整的），详见《劳动合同法》
	裁员程序	裁员程序非法可能面临仲裁	《劳动合同法》规定，需要裁减人员20人以上或者裁减不足20人但占企业职工总数10%以上的，用人单位提前30日向工会或者全体职工说明情况，听取工会或者职工的意见后，裁减人员方案经向劳动行政部门报告，可以裁减人员
	裁员保护	不分青红皂白随意裁员	依照《劳动合同法》第42条的规定，企业在裁员时，"老、弱、病、残"员工不得裁减
	裁员后招聘员工	裁员后招聘新员工	依照《劳动合同法》的规定，裁减人员后，在6个月内重新招用人员的，应当通知被裁减的人员，并在同等条件下优先招用被裁减的人员

续表

类别	管控点	主要风险点	概要解决思路
制定规章制度	内容合法	制度内容本身违法或违背公序良俗	《劳动合同法》明确规定，制度内容违法则无效
	程序合法	制度发布程序不合法	《劳动合同法》明确规定，制度发布须经民主程序讨论协商确定，否则无效
	制度公示	制度没有公示，直接走内部审批流程	直接涉及员工切身利益的规章制度应当公示
	……	……	……
考勤和休假	带薪年休	员工休假随意扣除工资	要认真研究休假类型与薪酬的关系，认真遵守《职工带薪年休假条例》
	考勤方式	不同类型员工采用何种类型的考勤方式	是指纹考勤、刷卡还是刷卡拍照考勤
	考勤结果运用	考勤结果直接作为证据的可靠性	考勤结果与绩效工资、违纪处罚等关联应用，必须慎重处理好
	迟到、早退、旷工等界定	公司考勤设备数据结果直接作为证据的可靠性	及时做好考勤设备的数据校验工作，认真落实管理责任制
	加班控制	加班支付加班费用	在《考勤与休假管理制度》中要落实好加班的申请制度，提前经过企业各级领导审批认可的加班方可享受加班费
	假期管理	哪些假期带薪，哪些假期必须扣工资的要特别清晰	严格落实《职工带薪年休假条例》
薪酬	工资结构设计	工资结构不合理会严重影响企业薪酬调整规则	企业要研究制定符合自身特色的薪酬和绩效激励相关联的薪酬结构
	代扣工资	代扣工资不得随意实施，否则容易引起纠纷	除了劳动合同中约定的个人所得税之外，建议代扣工资最好有单独的授权代扣委托书存档备案
	发放工资方式	操作不当可能引起法律纠纷	发放工资的方式要符合法律法规，避免违法发放的小手段
	发放工资时间	延期发放工资可能引起赔偿	劳动合同中要有明确的时间约定，并且要明确何种特殊情况（如不可抗力等）发放不属于延期的情形
	……	……	……

续表

类别	管控点	主要风险点	概要解决思路
社会保险与福利	福利范围	福利是普惠制还是个别级别人员私享	通过薪酬福利管理规范进行公示，制度发布前要认真调研分析
	福利待遇	福利待遇的力度问题	福利待遇究竟实施何种力度才有效，必须经过认真的分析和测算
	社会保险	社保基数调整以及五险一金断档等	例如，五险一金没有及时立户导致断档给员工购房等带来的风险。企业要强化管理责任制
	企业福利	企业福利如何做到公正透明而不是部分人私享	所有福利待遇公开、公正、透明
员工奖惩	奖励员工	奖励方式和奖金金额大小	通过何种方式以及确定多大奖励金额才有激励效应必须认真研究讨论，避免擅自决定
	惩罚员工	处罚方式和处罚金额，以及处罚有可能导致被处罚员工离职	制度不能处罚好员工是一个基本准则，通过有效处罚如何起到"杀一儆百"的作用要认真琢磨
	评优奖先	评优奖可能让部分员工感到不服气	注意评优的"双刃剑"作用
劳动争议	解雇员工	非法解聘是劳动争议中最常见的风险	严格按照《劳动合同法》执行
	调岗调薪	无论是薪酬还是岗位上调均皆大欢喜，一般在下调环节中容易引起纠纷	企业要制定严格的绩效考核制度，做到薪酬岗位调整过程透明且有法可依
	劳动报酬	薪酬待遇范围、薪酬结构以及社会保险（如五险一金基数）容易引起纠纷	企业要发布透明的薪酬福利管理制度或规范，认真学习《社会保险法》
	工时休假	工时认定以及休假期间的待遇容易引起分歧	企业要规范《员工考勤与休假管理制度》，规范的内容越细越好
	工伤待遇	员工工伤期间的各项待遇	认真学习《社会保险法》并严格依法执行
	妇女保护	对妇女的保护有法律明文规定，企业各级管理者绝对不允许漠视和践踏法律	认真学习《女职工劳动保护特别规定》，法定要求纳入日常各项管理制度。企业各级领导以身作则，尊重并维护妇女合法权益
……	……	……	……

通过上述梳理，相信大家对人力资源管理风险有了全局性的认识。当然，企业人力资源管理的风险不仅仅限于以上内容，还需要在管理实践中不断总结。

> **管理经验分享**
>
> 请各位读者根据表21-1以及本书各章风险防范内容，结合本企业管理实际进行提炼和总结，最终形成有效的管理风险防范管控点。这些管控点和企业制定的各项管理制度结合起来，通过有效的培训和实施来不断提高企业风险防范水平。

四、风险防范层次

人力资源管理风险的防范是企业人力资源管理的目标。当所有防范措施非常规范且有序实施的时候，也是人力资源管理提高到一定水平的标志。

通过分析人力资源管理风险层次，我们将防范活动分为理念、制度和业务三个层次。

为了有效规避人力资源管理风险，企业各级管理者必须做到：

（1）在管理理念层次上

要树立正确的人力资源管理理念、建立科学的人力风险预警机制，企业各级领导者和管理者做到言行一致、表里如一，确保人力资源管理理念和管理思想与时俱进。

在风险防范方面，企业"一把手"要高度重视风险防范，并且要亲自抓人力资源管理，从思想根源上重视各种风险的防范和规避。

（2）在制度层次上

要尽快通过问题分析和诊断流程，全面健全人力资源管理各项制度的建设，确保各项制度的完善性、有效性和持续性，确保公司人力资源管理在规范的运作体系下实施，坚决避免人力资源管理问题随意对待的现象出现。

（3）在业务实践层次上

任何管理技术和方法都有局限性，没有解决所有企业人力资源管理难题的万能方法。

五、管理风险

为了有效规避企业人力资源管理各项风险，需要认真落实以下管理措施。

1. 推动建立规范的人力资源管理制度

企业人力资源要想不成为人力资源问题的"救火队"，必须推动建立规范的人力资源管理制度。

要想建立规范的人力资源管理制度，首先，必须认真学习和人力资源相关的法律法规。对这些法律的深刻理解和掌握是做好人力资源管理的关键，更是企业制定规章制度的基础，因为任何违背国家法律的制度都是非法和无效的。

其次，要对人力资源管理做出系统的问题诊断、提炼和总结，按照 PDCA 的模式（计划 plan →执行 do →检查 check →调整 adjust），根据问题优先级循序渐进地推动人力资源管理问题的解决。

需要特别说明的是，制度流程要有配套记录文件的支持，这些规范的记录文件是人力资源做好日常管理的基本保证。

2. 人力资源管理理念和意识提升

作为企业 HR 从业者，必须站在建设和谐社会的高度，推动建设和谐的劳动关系。可能读者认为这么说口气有些大，但是我要说的是，建设和谐的劳动关系是推动建立和谐的企业文化环境的关键。

俗话说"人心都是肉长的"，企业如何对待员工，反过来员工就会怎么对待企业。例如，在处理员工劳动纠纷过程中，比较刚性的处理方式是完全依照国家的法律法规，那么我们能不能换一种角度，通过换位思考，考虑一下员工的感受和真正关切点，采用平等、友好、协商的方式来处理，最终达到企业与员工的双赢呢？这些都是值得我们认真思考的地方。

一个优秀的 HR 从业者，必须学会平衡企业和员工的利益，找到双方的利益平衡点。如果单纯站在维护企业利益角度考虑问题,可能会走向管理的极端。

3. 日常风险防范的方法

为了加强人力资源风险防范管理,人力资源部在企业人力资源风险防范方面要做到专业化的提醒,不断提高人力资源职业化管理水平。

例如,人力资源管理部门可以通过以下方式降低人力资源管理风险:

- **建立关键风险防范的提醒机制。**可能产生的关键管理风险事项可以通过手机提醒、邮件提醒等方式多次提醒,确保不疏漏或不遗忘。
- **建立关键风险事项管理备份机制。**对于关键风险事项,可以由两人以上同时管理(主角+副角)。
- **人力资源对于关键事项要做到职业化提醒。**坚持专业化和职业化是HR发展之路,人力资源部门在日常管理中要坚持通过职业化语言说服各级管理者,通过持之有效的努力改变领导的决策意识。例如,新员工转正审批,如果领导不在公司,可以通过邮件让其审批,同时在邮件中对于法律风险有清晰的阐述。

尊敬的××总,

您好:

×××部门新员工转正审批最迟需要在××月××日完成,由于您出差在外,无法在《转正审批表》上手签,所以请您邮件批示(《转正审批表》见附件)。

【法律风险提示】该员工入职日期为20××年××月××日,试用期×个月,20××年××月××日为试用期截止日期,逾期视同自动转正,转正后解除劳动合同需要支付补偿金。

特此说明。

人力资源部:×××
20××年××月××日

只有通过上述多种有效手段同步实施,长期不懈狠抓培训,才能把人力资源管理各种风险彻底消灭在萌芽时期,才能全面规避人力资源各种管理风险。

图书在版编目(CIP)数据

企业人力资源管理全程实务操作 / 贺清君, 崔巍著. —4版. —北京: 中国法制出版社, 2023.9
(企业HR管理和法律实务丛书)
ISBN 978-7-5216-3602-4

Ⅰ.①企… Ⅱ.①贺… ②崔… Ⅲ.①企业管理—人力资源管理 Ⅳ.① F272.92

中国国家版本馆 CIP 数据核字（2023）第 098191 号

策划编辑 / 马春芳

责任编辑 / 马春芳   封面设计 / 汪要军

企业人力资源管理全程实务操作
QIYE RENLIZIYUAN GUANLI QUANCHENG SHIWU CAOZUO

著者 / 贺清君　崔巍

经销 / 新华书店

印刷 / 三河市紫恒印装有限公司

开本 / 787 毫米 × 1092 毫米　16 开　　　　　　　　印张 / 17.75　字数 / 280 千

版次 / 2023 年 9 月第 4 版　　　　　　　　　　　　2023 年 9 月第 1 次印刷

中国法制出版社出版

书号 ISBN 978-7-5216-3602-4　　　　　　　　　　　　　　　　定价：89.00 元

北京市西城区西便门西里甲 16 号西便门办公区

邮政编码：100053　　　　　　　　　　　　　　　传真：010-63141600

网址：http://www.zgfzs.com　　　　　　　　　编辑部电话：010-63141822

市场营销部电话：010-63141612　　　　　　　　印务部电话：010-63141606

（如有印装质量问题，请与本社印务部联系。）

附件：贺清君老师已出版图书简介

图书典型特点：

【通俗易懂】与企业管理实践零距离

【理念领先】管理方法理念与时俱进

【案例经典】对复杂问题简单化处理

【实战实用】看了就会懂拿来就能用

（特别提示: 贺老师下列著作在京东 / 当当 / 天猫等网站有售）

《老 HRD 手把手教你做薪酬》（实操版）

★**推荐理由**：薪酬设计实操从入门到精通，直击 VUCA 时代下的薪酬管理新痛点。高频薪酬管理案例，全新解决思路，一本书促使企业薪酬管理工作高效运营！

★**内容简介**：本书全面系统传授薪酬管理的基本操作实践，通过大量丰富有效的管理工具让薪酬管理落地，让您全面审视并掌控薪酬管理。主要内容包括企业发放工资涉及哪些政策法规？薪酬管理会有哪些法律风险？工资发放需做哪些准备工作？工资计算有哪些 EXCEL 函数？社保公积金缴费基数有何规则？社保公积金增减员如何操作？考勤休假制度如何有效制定？业界常说的 21.75 究竟怎么用？员工休病假时如何计算工资？试用期员工可否休年假？企业福利实施如何有效管理？薪酬职级表应如何有效设计？如何有效选择薪酬调查对象？如何编写有效的薪酬调研报告？经济补偿金应如何有效计算？如何根据经营定义薪酬架构？薪酬结构都有哪些实施策略？宽带薪酬设计的流程是什么？宽带薪酬适用范围都有哪些？个人所得税法有何关键要点？劳动合同法与薪酬有何关系？……

《绩效考核与薪酬激励整体解决方案》（畅销四版）

★ **推荐理由**：绩效薪酬管理必备经典图书，多次改版加印，影响无数 HR 读者，内容实战通俗易懂，一本在手，彻底搞定企业绩效薪酬和激励管理难题！

★ **内容简介**：本书从绩效考核与薪酬激励管理体系架构设计入手，深刻阐述绩效考核、薪酬管理和激励体系的管理目标、管理流程和管理工具，详细分析了企业高管、战略、企划、营销、产品、研发、生产、项目、采购、人事、行政和财务等多种典型岗位管理目标、管理特征、绩效考核指标量化、薪酬模式选择以及如何有效激励等，提供全面、可量化、精细化的管理解决方案。

《HR 不懂〈劳动合同法〉就是坑公司》（第三版）（与王丽丽合著）

★ **推荐理由**：依据《劳动合同法》构建实施方案，解决劳动纠纷管理隐患，来自企业前线丰富的典型实战案例，一本书搞定劳动关系管理难题。

★ **内容简介**：哪些情形涉及经济补偿？哪些情形不涉及经济补偿？调岗调薪如何有效管理才能生效？员工加班有哪些常见管理事项？离职流程如何设计才会更有效？规章制度如何发布才确保有效？发生劳动争议应如何做好调解？发生劳动争议应如何应对仲裁？……本书全面归纳企业员工劳动关系的经典实践，为广大读者提供员工劳动管理整体解决方案，一本书彻底搞定企业人力资源劳动关系管理风险和隐患。

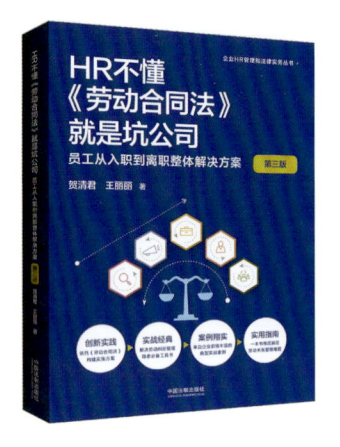

《企业人力资源管理全程实务操作》（第四版）（与崔巍合著）

★ **推荐理由**：提供实战干货，人力资源管理模块全覆盖，看了就能懂，拿来就能用，HR 管理者必备工具书！

★ **内容简介**：本书系统阐述人力资源管理各模块管理目标、管理流程和管理手段及管理技巧等。通过本书您将学到：如何依据战略制订人力资源规划？企业员工常见招聘渠道都有哪些？企业绩效考核都有哪些常见方式？企业薪酬体系如何设计才更有效？如何与员工签订有效的培训协议？员工如果拒绝降岗和降薪怎么办？档案管理不当企业该负什么责任？非物质激励有哪些常见主要方式？为什么要给员工做职业生涯规划？人才梯队建设都有哪些核心内容？如何让企业文化建设充分落地？人力资源风险有何具体防范方法？……

《老 HRD 手把手教你做薪酬》（精进版）

★ **推荐理由**：新手快速进阶薪酬管理高手宝典！从企业经营战略高度，系统阐述薪酬架构顶层设计逻辑，提供更高超的薪酬管理思路、手段和技巧，彻底搞定薪酬量化和精细化管理难题！

★ **内容简介**：本书站在企业经营战略的高度，系统阐述薪酬架构顶层设计逻辑，详细阐述薪酬管理制度、薪酬管控模式设计、岗位薪酬管控方法，特别对棘手的调岗调薪等问题阐述详细的管理手段。对企业高管和核心骨干如何做好激励？集团薪酬如何管控？阿米巴与合伙制机制下如何做薪酬管控？如何做薪酬预算与分析？如何通过薪酬管控提升人均能效？薪酬管理都有哪些技巧？……本书为广大读者提供更高超的管理思路和手段。

《绩效领导力》（与沈小滨合著）

★ **推荐理由**：以绩效管理为抓手，帮助企业中高管提升团队管理能力！

★ **内容简介**：绩效管理是企业的刚性需求，能帮助企业战略执行与落地。本书提出了绩效管理的新框架新思维：从绩效考核到绩效管理，从绩效管理到绩效领导，从绩效领导到绩效战略，为企业绩效管理工作描绘出了一套清晰的发展路径，对企业绩效管理工作的开展具有现实的指导意义。很多企业绩效管理重视 KPI 等方法，为了考核而做考核，导致员工不服、管理者不满，打造高绩效文化基因才是解决企业绩效的根本之道，才是领导力的核心能力体现，相信您会从本书得到更睿智的答案。

《HR 员工培训从助理到总监》

★**推荐理由：** 员工培训是人力资源六大模块之一，是人力资源核心管理模块。本书全面覆盖员工培训全部管理知识和管理体系，重点讲解员工培训的管理实践，通过丰富的培训管理工具让企业各项培训有效落地，这是一整套企业员工培训解决方案。

★**内容简介：** 通过本书您将学到：企业培训体系由哪些内容构成？培训需求调查流程如何有效设计？员工各种培训需求如何有效过滤？培训计划制订流程如何有效设计？培训实施风险如何有效从容应对？经典的柯氏四级评估模式是什么？培训后续工作如何有效总结归纳？拓展培训和沙盘培训都有何内容？培训预算审批流程如何有效设计？脱岗培训与外派培训如何去管控？如何有效设计培训制度管理框架？常见的培训课程开发模式都有哪些？如何有效定义外聘讲师挑选原则？如何有效定义内部讲师选拔流程？如何有效地分析供应商选择要点？企业培训都有哪些常见管理风险？E-Learning 核心体系由什么构成？企业战略与培训战略究竟有什么关系？如何有效分析构建企业培训地图？……

《企业人力资源必备工具箱》

★**推荐理由：** 本书全面系统阐述了人力资源管理制度从起草到实施发布的管理操作实践，通过大量制度和表单模板工具让人力资源管理从容落地。

★**内容简介：** 本书汇集了诸多知名公司在人力资源管理领域的集体智慧，更有作者多年一线实战经验的精心总结。18 个经典制度覆盖人力资源整体解决方案；58 个风险分析避免人力资源管理落入陷阱；68 个超实用的表单看了就懂拿来就用。